मध्यकालीन बोध का स्वरूप

मध्यकालीन बोध का स्वरूप

आचार्य हजारीप्रसाद द्विवेदी

राजकमल प्रकाशन

ISBN : 978-81-267-0751-5

मूल्य : ₹595

पहला संस्करण : 1970
पाँचवाँ संस्करण : 2025

प्रकाशक : राजकमल प्रकाशन प्रा.लि.
1-बी, नेताजी सुभाष मार्ग, दरियागंज
नई दिल्ली-110 002
शाखाएँ : अशोक राजपथ, साइंस कॉलेज के सामने, पटना-800 006
पहली मंजिल, दरबारी बिल्डिंग, महात्मा गांधी मार्ग, प्रयागराज-211 001
1, अनमोल सोराबजी सन्तुक लेन, धोबी तलाव, मरीन लाइंस, मुम्बई-400 002
वेबसाइट : www.rajkamalprakashan.com
ई-मेल : info@rajkamalprakashan.com

मुद्रक : बी. के. ऑफसेट
नवीन शाहदरा, दिल्ली-110 032

MADHYAKALEEN BODH KA SWROOP
Criticism by Dr. Hazari Prasad Dwivedi

प्राक्कथन

"मध्यकालीन बोध क्या है ?"—इस विषय का चयन मैंने शायद इसलिए किया था कि यह मेरी व्यक्तिगत समस्या थी जो बाद में समष्टिगत सिद्ध होकर रही। आधुनिक, आधुनिकता, आधुनिकवाद, आधुनिक बोध, आधुनिक संवेदना आदि शब्दों की झड़ी में मध्यकालीन बोध के स्वरूप से परिचित होना आवश्यक जान पड़ा। आचार्य हजारीप्रसाद द्विवेदी ने मध्यकालीन साहित्य का गहरा मन्थन ही नहीं किया है, वरन् इस मन्थन से अनमोल रत्न भी निकाल रखे हैं। वे पंजाब यूनिवर्सिटी में टैगोर प्रोफेसर के पद पर आसीन थे। इसलिए हिन्दी विभाग की ओर से इनसे मध्यकालीन बोध पर व्याख्यान देने के लिए निवेदन किया गया जिसे इन्होंने अपने सहज भाव से स्वीकार कर लिया। इस व्याख्यान-माला में पांच व्याख्यानों को पिरोने का निश्चय किया गया : (१) मध्यकाल और उसके आदर्श काव्य; (२) महाकाव्य और अलंकृत प्रबन्ध; (३) उद्देश्य और उपलब्धियां; (४) रस का व्यावहारिक अर्थ; और (५) रस : कवियों का साक्ष्य।

इन व्याख्यानों पर या इस विषय पर मेरे लिए राय देना अनधिकार चेष्टा होगी। यह मेरे अध्ययन का विषय नहीं है; लेकिन रुचि का विषय इसलिए बन गया है कि मध्यकालीन बोध को समझे बिना आधुनिक बोध को समझना मेरे लिए कठिन और अधूरा था। परम्परा में डूब जाना एक बात है; लेकिन परम्परा से कट जाना दूसरी बात। इसका मतलब मध्यकालीनता से जुड़ना भी नहीं है लेकिन इसे हठवश नकार कर आधुनिकता को समझना कम-से-कम मुझे मुश्किल लगा है। इन व्याख्यानों की सहायता से आधुनिक बोध अधिक स्पष्ट होने लगता है। आचार्य हजारीप्रसाद द्विवेदी ने अपने निष्कर्षों को ठोस आधार दिया है, मध्यकालीन साहित्य इनकी रगों में समाया हुआ है। यह कैसे और किस तरह है—इसके बारे में इनके व्याख्यान बोलेंगे, हम नहीं।

अन्त में मुझे डा० लल्लन राय को धन्यवाद देना है जिन्होंने इन व्याख्यानों को इनके शुद्ध रूप में प्रकाशित करने में सहायता दी है और श्री बालकृष्ण के प्रति आभार व्यक्त करना है जिन्होंने सुरुचि के साथ इन्हें पुस्तक रूप में प्रकाशित किया है।

इन व्याख्यानों को पुस्तक-रूप में सौंपते हुए मुझे हर्ष हो रहा है।

इन्द्रनाथ मदान
अध्यक्ष, हिन्दी-विभाग
पंजाब यूनिवर्सिटी

चंडीगढ़
१६-१-१९७०

सूची

पहला व्याख्यान

मध्यकाल और उसके आदर्श काव्य

मित्रो, आपने मुझे मध्यकालीन साहित्य बोध के सम्बन्ध में अपने विचार प्रकट करने का अवसर दिया है इसके लिए हृदय से कृतज्ञ हूँ। किसी काल विशेष के साहित्य बोध या साहित्य संवेदना के समझने का क्या उपाय है? क्या वे सारे ग्रन्थ जो उस काल-विशेष में लिखे गए, उस काल की संवेदना को प्रकट करने के एकमात्र समर्थ साधन हैं या कुछ और भी बातें इसके लिए आवश्यक हैं? यदि केवल साहित्यिक कृतियों का उल्लेख-मात्र इस कार्य के लिए आवश्यक होता तो मेरा काम अपेक्षाकृत आसान था। लेकिन मैं इसे इतना आसान नहीं समझता। मेरी दृष्टि में सम्पूर्ण साहित्य बोध को समझने के लिए यह आवश्यक है कि हम उन कवियों, ग्रन्थकारों और कृतियों की जानकारी प्राप्त करें जो उस काल-विशेष में आदर्श, अनुकरणीय और व्याख्येय समझे गए थे। फिर हमें उन आचार्यों का परिचय भी प्राप्त करना होगा जिनके बताये हुए कायदे-कानून, विधि-निषेध और आदर्श इस काल में स्वीकार कर लिये गए थे। फिर हमें उन लोकप्रिय किंवदंतियों का विश्लेषण करना भी आवश्यक हो सकता है, जो श्रेष्ठ समझे जाने वाले कवियों और साहित्यकारों में प्रचलित हो गई थीं। इन किंवदन्तियों में प्रच्छन्न रूप से लोकप्रिय साहित्यिक मान और उत्तम रचना की कसौटी विद्यमान रहती है। फिर विभिन्न रचनाओं पर लिखी गई टीका टिप्पणियाँ भी हमें उस काल विशेष की प्रवृत्तियों का परिचय दे जाती हैं। कभी-कभी साहित्य क्षेत्र के बाहर भी जाने की जरूरत पड़ सकती है, क्योंकि साहित्य के पीछे अनेक प्रकार की धार्मिक, राजनीतिक, आर्थिक शक्तियाँ काम करती रहती हैं और किसी प्रयत्न के यथार्थ स्वरूप को समझने के लिए उसे बृहत्तर परिप्रेक्ष्य में रखकर देखना आवश्यक हो जाता है।

मध्यकाल के साहित्य बोध के सम्बन्ध में कुछ चर्चा करने के पहले यह जान लेना आवश्यक है कि 'मध्यकाल' से तात्पर्य क्या है। इस शब्द का एक स्पष्ट अर्थ आधुनिक युग का पूर्ववर्ती काल है और दूसरा स्पष्ट अर्थ है प्राचीन काल के

बाद का समय। आधुनिक युग विज्ञान की देन है। मशीनों के आने के बाद ही इस युग में नई समस्याएँ और उनके समझाने के लिए नये प्रयत्न सामने आने लगे। राजनीतिक, सामाजिक और आर्थिक स्तर पर मनुष्य परिवर्तित होने को बाध्य हुआ और तेज़ी से उस युग का जन्म हुआ जिसे हम 'आधुनिक' कहते हैं। पश्चिम के देशों से हमारा सम्पर्क होने के बाद हम इस युग में प्रविष्ट हुए। इस नये युग में व्यक्ति क्रमशः स्वतन्त्र होता गया है तथा और भी स्वतन्त्र होता जा रहा है। इससे पहले के युग में मनुष्य और मनुष्य का सम्बन्ध सीधा और प्रत्यक्ष होता था, लेकिन नये युग का सम्बन्ध बाजार के माध्यम से होने लगा है। प्रत्येक व्यक्ति सामाजिक, राजनीतिक दृष्टि से स्वतन्त्र तो हो रहा है परन्तु उसकी योग्यता और स्वाधीनता बाजार के मूल्यों द्वारा नियन्त्रित होती है। इसके पहले व्यक्ति या तो मालिक होता था, नौकर होता था, दास होता था, मित्र होता था, कवि होता था या आश्रयदाता होता था। आज वह ठीक ऐसा नहीं है। मध्यकालीन युग की चर्चा करते समय हमें इन सम्बन्धों का भी विश्लेषण करना पड़ेगा।

लेकिन पहली बात यह है कि हम मध्यकाल की सीमा का निर्धारण करलें।

'मध्य युग' या 'मध्यकाल' शब्द भारतीय भाषाओं में नया ही है। आजकल इस शब्द का प्रयोग एक ऐसे काल के अर्थ में होने लगा है जिसमें सामूहिक रूप से मनुष्य एक जबदी हुई स्तब्ध मनोवृत्ति का शिकार हो जाता है। इस देश के प्राचीन साहित्य में इस प्रकार के किसी शब्द का प्रयोग नहीं मिलता। बहुत प्राचीनकाल से भारतवर्ष में कृत, त्रेता, द्वापर और कलि नाम के चार युगों की चर्चा मिलती है। ब्राह्मण और उपनिषद् ग्रन्थों में भी इन शब्दों का प्रयोग मिल जाता है।

प्रयोग तो ऋग्वेद और अथर्ववेद में भी खोजा जा सकता है, पर वह अधुना-प्रचलित अर्थ में कदाचित् नहीं है। वेदों में जूए (द्यूत) के दाँवों को कृत, त्रेता, द्वापर, कलि कहा गया है और निःसन्देह 'कलि' बुरे ढंग का दाँव है। ब्राह्मणों और उपनिषदों में कभी-कभी रूपक के रूप में इसका प्रयोग है। ऐतरेय ब्राह्मण (३३।३) के अनुसार सोने वाला कलियुग है, जमुहाई लेने वाला द्वापर, उठकर खड़ा हो जाने वाला त्रेता और चल पड़ने वाला कृत हो जाता है। इन सब में कृत का प्रयोग अच्छे अर्थ में और त्रेता, द्वापर और कलि का प्रयोग क्रमशः कम अच्छे और अधिक बुरे अर्थों में हुआ है। इन ग्रन्थों से कालवाचक प्रयोग भी खोजे गए हैं। धीरे-धीरे धार्मिक मनोवृत्ति की प्रबलता या क्षीणता ही इस प्रकार के युग-

विभाजन के विश्वास का आधार बनती गई है। ऐसा विश्वास किया जाता है कि कृत या सत्य युग में धर्म की पूर्ण स्थिति थी। त्रेता में तीन चौथाई रह गई और द्वापर में आधी। कलिकाल में धर्म का प्रभाव और भी क्षीण हुआ और वह एक ही चरण पर खड़ा रह गया। अनेक विद्वानों ने महाभारत और पुराणों के अध्ययन से यह निर्णय करने का प्रयत्न किया है कि ऐतिहासिक कलिकाल का आरम्भ किस समय से हुआ था।

साधारणतः विश्वास किया जाता है कि कलियुग राजा परीक्षित के राज्य-काल में आरम्भ हुआ था। परन्तु यह मत सर्वशास्त्र सम्मत नहीं कहा जा सकता। इस समय (सन् १९६५) पंचागों की गणना के अनुसार कलियुग के ५०६६ वर्ष बीत चुके हैं। सन् ५५६ ई० के एक अभिलेख के अनुसार उस समय कलियुग के ३७३५ वर्ष बीत चुके थे। कुछ ग्रन्थों में महाभारत युद्ध के अन्त में, कुछ में श्रीकृष्ण के तिरोधान के बाद और कुछ में द्रौपदी के तिरोभाव के बाद कलियुग का आरम्भ बताया गया है। एक मत ऐसा भी है कि युधिष्ठिर कलियुग के ६५३ वर्ष बीतने पर राजा हुए थे। जो भी हो, इस देश की दीर्घकालीन प्रचलित परम्परा के अनुसार ईसवी सन् से कोई ३१०१ वर्ष पूर्व कलियुग का आरम्भ हो गया था। इस प्रकार यद्यपि हिन्दू परम्परा इस काल को पाँच हजार वर्षों से भी अधिक पूर्व से आरम्भ होना बताती आ रही है तथापि नयी दृष्टि के पण्डितों ने आर्य राजाओं की वंशावली के आधार पर सन् ईसवी के कोई एक सहस्राब्दक पूर्व से इस काल का आरम्भ माना है। साधारणतः इस काल के बाद राजाओं का उल्लेख पुराणों में भविष्यकालिक क्रिया के प्रयोग द्वारा किया गया है। यह माना जाता है कि कलियुग में मनुष्यों की प्रवृत्ति पाप कर्मों की ओर हो जाती है और उनका आयुबल क्षीण हो जाता है तथा ज्यों-ज्यों कलियुग आगे बढ़ता जाता है त्यों-त्यों मनुष्य की पापाभिमुख प्रवृत्ति भी बढ़ती जाती है। यद्यपि कलिकाल के दोष अनेक हैं तथापि उसमें एक बड़ा भारी गुण भी है। अन्यान्य युगों में मानस पाप का भी फल मिलता है, किन्तु कलियुग में मानस पाप का फल तो मिलता ही नहीं, ऊपर से मानस पुण्य का फल प्रचुर मात्रा में मिलता है। अनजान में यदि भगवान का नाम ले लिया जाय तो मुक्ति हो जाती है। अजामिल, गणिका आदि इस प्रकार तर गए थे। भाव से हो, कुभाव से हो, क्रोध से हो, घृणा से हो, उत्साह से हो, आलस्य से हो, जैसे-तैसे भी भगवान का नाम ले लेने से इस युग में मंगल ही होता है। इस प्रकार चार युगों के विश्वास

के मूल में एक प्रकार की निराशावादी मनोवृत्ति है, जो मानती है कि मनुष्य क्रमशः नैतिक दृष्टि से पतन की ओर बढ़ता जा रहा है। जो कुछ अच्छा था वह पहले हो चुका है और अब आगे केवल ह्रास की ही सम्भावना है। इस विश्वास का कुछ आभास हमारे देश के बहुत प्राचीन साहित्य में भी मिल जाता है। व्यापक दृष्टि से देखा जाय तो हिन्दू विश्वास उत्थान-पतन की निरन्तर चलने वाली प्रक्रिया में विश्वास करता है। कलियुग के बाद फिर कृत, त्रेता, द्वापर और अन्त में कलिकाल आएगा। यह चक्र अनादि काल से चला आ रहा है और अनन्त काल तक चलता जाएगा। पर व्यवहार में यह आशाजनक नहीं है। कलियुग की आयु ४,३२,००० वर्षों की है और अभी कुल जमा लगभग पाँच ही हजार वर्ष बीते हैं। बाकी ४ लाख २७ हजार बीतते-बीतते न जाने क्या गति होगी। परन्तु इस लम्बे समय के प्रचलित होने का इतिहास नया है। सन् ईसवी के आरम्भ होने के आसपास ही इस बड़े कालमान की कल्पना की गई है। महाभारत में और रामायण के अधुनोपलब्ध रूपों में इस प्रकार की काल-कल्पना मिल जाती है। गुप्त काल में इसने दृढ़बद्ध संस्कार का रूप धारण किया और परवर्ती काल में वह समूची हिन्दू जाति के इतिहास को प्रभावित करने का कारण बन गई। महाभारत और भागवत आदि ग्रंथों में कलियुग का बड़ा ही चिन्ताजनक रूप उपस्थित किया गया है। प्रायः सभी पुराणों में कलियुग के नैतिक ह्रास का वर्णन किया गया है। प्रायः हर पुराण में बताया गया है कि इस युग में लोगों का नैतिक चरित्र पतित हो जाएगा। श्रुति-स्मृति में जिस आचार का निर्देश है वह मिटने लगेगा। वर्णाश्रम व्यवस्था में गड़बड़ी आ जाएगी। शूद्र लोग संन्यास लेकर उच्च वर्णों को उपदेश देने का ढोंग रचेंगे। स्त्रियाँ चरित्रहीन हो जाएँगी। ऐतिहासिक दृष्टि से विचार करने वाले विद्वानों का विश्वास है कि बौद्ध धर्म के अभ्युत्थान के बाद कुछ ऐसे विचार बने होंगे। महामहोपाध्याय डा० पाण्डुरंग वामन काने महोदय का अनुमान है कि (हिस्ट्री आफ़ दी धर्मशास्त्र, पृ० ८९५) सन् ईस्वी की चौथी शताब्दी तक युगों के इस प्रकार के विश्वास ने जड़ जमा ली होगी। उन्होंने अनेक पुराणों में ज्यों-का-त्यों पाया जाने वाला यह श्लोक दिया है जिसके अनुसार कलियुग में वे लोग धर्मोपदेश करेंगे जो शठतायुक्त बुद्धि से रहने वाले या गलत मान्यता के विश्वासी होंगे, उनके दाँत सफेद होंगे (भ-दन्त), वे जितेन्द्रिय होने का दावा करेंगे तथा मुण्डित और काषायवस्त्र धारण करने वाले होंगे—

शुक्लदन्ता जिताक्षाश्च मुण्डाः काषायवाससः
शुद्धाधर्मं वदिष्यन्ति शाठ्यबुद्ध्योपजीविनः ।

इसी प्रकार महाभारत के वन पर्व (११०/६७) में बताया गया है कि कलियुग में देवस्थानों, चैत्यों और नागस्थानों में पृथ्वी हड्डियों के स्तूपों से भर जाएगी, देवमन्दिर उठ जाएंगे।

देवस्थानेषु चैत्येषु नागानामालयेषु च ।
एडुकचिह्ना पृथिवी न देवगृहभूषिता ।।

इन श्लोकों से स्पष्ट ही सूचित होता है कि बौद्ध धर्म के अभ्युत्थान से इस प्रकार की प्रतिक्रिया को बल मिला था ।

दसवीं शताब्दी के बाद के पुराणों और स्मृतियों में प्राचीन ग्रंथों के बहुत से विधानों को कलिकाल में वर्जित कहा गया है । पुराने जमाने में कुछ बातें करणीय मान ली जाती थीं, उन्हें कलिकाल के अल्पशक्ति-सम्पन्न लोगों के लिए वर्जित कर दिया गया है । नियोग, विधवा-विवाह, गोमेध आदि ऐसे ही कृत्य हैं । परवर्ती काल के निबंध ग्रन्थों में इन कल्लिवर्ज्य कृत्यों का विस्तारपूर्वक निर्देश है । पहले के लोग समर्थ थे और "समरथ के नहिं दोष गुसाईं", परन्तु कलिकाल के लोग क्षीणबल हैं, असमर्थ हैं, उन्हें उन्हीं आचरणों के पालने की अनुमति नहीं दी जा सकती । सन् ईसवी के प्रथम सहस्राब्दक में जो विश्वास धीरे-धीरे जड़ जमाने लगे थे उन्होंने अन्ततोगत्वा सामाजिक सहजगति का रास्ता ही रोक दिया। कलियुग का पूरा प्रभाव सन् ईसवी के दूसरे सहस्राब्दक में अनुभूत हुआ ।

इस प्रकार भारतीय परंपरा के अनुसार कलिकाल ह्रासोन्मुख युग है । सन् ईसवी के कुछ बाद इस विश्वास का आरम्भ हो जाता है परन्तु इस विश्वास के कारण जो स्तब्ध और जबदी हुई मनोवृत्ति सामूहिक प्रयासों पर छा गई उसके बद्धमूल होने में कुछ और समय लगा होगा । सन् ईसवी की नवीं-दसवीं शताब्दी में वह उग्ररूप में प्रकट होती है। आजकल जिसे स्तब्ध मनोवृत्ति का काल कहते हैं, वह वहीं से शुरू होता है। बौद्ध धर्म के अभ्युत्थान काल में देश में आत्मविश्वास की उमंग आई थी, व्यापार और उद्योग से समृद्धि का आविर्भाव हुआ था और यद्यपि ब्राह्मण धर्मानुमोदित व्यवस्था वैसी ही नहीं रह गई थी जैसी पुराने शास्त्रकारों के निर्देशानुसार होनी चाहिए थी, फिर भी उसमें आशा का स्वर एकदम नष्ट भी नहीं हुआ । उसमें प्राणशक्ति बनी रही। गुप्त काल में

राष्ट्रीय गौरव का पुनरुत्थान होता है। बाहरी आक्रमणकारियों का उपद्रव बहुत-कुछ शान्त हो जाता है और आसेतु-हिमाचल पूरा देश सुरक्षा के वातावरण में साँस लेता है। गुप्त साम्राज्य के अन्तिम दिनों में भी किसी-न-किसी प्रकार की सुरक्षा बनी रहती है। पर बाहरी आक्रमणों का ताँता भी बँध जाता है। ब्राह्मण धर्मानुमोदित व्यवस्था के नष्ट होने का भय भी बना रहता है। पुराणों में फिर से आस्था की जाने लगती है कि भगवान भू-भार को कम करने के लिए अन्यान्य युगों की भांति फिर अवतार लेंगे और म्लेच्छों का दमन करेंगे। वे कलिकाल में कल्किन् (कल्की) नाम का अवतार लेंगे और म्लेच्छों का नाश करके फिर कृत या सत्ययुग का प्रवर्तन करेंगे। प्रायः सभी मुख्य पुराणों में इस भावी अवतार की चर्चा है। भागवत के बारहवें स्कन्ध में बताया गया है कि शम्भला ग्राम के मुखिया विष्णुयशस् नामक ब्राह्मण के घर में कल्की का प्रादुर्भाव होगा। वे शीघ्रगामी घोड़े पर चढ़कर अपनी तलवार से असाधुओं का दमन करेंगे। उसके बाद सत्ययुग (कृतयुग) आएगा और सात्विक प्रजा उत्पन्न होगी। इतिहास के जानकारों ने बताया है कि यद्यपि यह बात पुराणों की भविष्य कथन की शैली में कही गई है तथापि इसका तात्पर्य यह है कि इस प्रकार का अवतार हो चुका है। पुराणों में व्यासजी के बाद की सभी घटनाओं को भविष्य कथन की शैली में ही कहा गया है। नंदों की चर्चा है और किसी-किसी पुराण में तो गुप्त राजाओं की भी चर्चा है। इसलिए उनका कहना है कि शंभला ग्राम के विष्णुयशस् के घर में उत्पन्न होने वाले कल्की भी वस्तुतः हो चुके हैं। अधिकतर विद्वानों का विचार है कि मिहिरकुल के आक्रमण से सारा देश कराह उठा था। राजतरंगिणी के अनुसार तो उसने तीन करोड़ लोगों का नाश किया था (त्रिकोटिहन्)। इसी दुर्दान्त मिहिरकुल को सन् ईसवी की छठी शताब्दी के मध्यभाग में यशोधर्मा (विष्णुवर्धन) ने परास्त किया था और कामरूप से पश्चिमी समुद्र तक एकच्छत्र चक्रवर्ती बनकर शासन किया था। 'कल्की' इन्हीं का नाम है। सुझाया गया है कि परवर्ती काल में यशोधर्मन् और विष्णुवर्धन नामों का गड्डमड्ड होकर विष्णुयशस् बन गया है। यह भी सुझाया गया है कि कर्क सफेद घोड़े को कहते हैं 'कल्क' उसी का रूपान्तर है। कदाचित यशोधर्मन् सफेद घोड़े के सवार होने के कारण लोक में कर्की या कल्की कहे गए। यदि यह अनुमान सत्य है तो मानना पड़ेगा कि छठी शताब्दी में वर्णाश्रम व्यवस्था को आशा की ज्योति दिखी थी और सत्ययुग के पुनः प्रवर्तन की आशा

भी बँधी थी। पर यह आशा देर तक नहीं टिकी। सातवीं शताब्दी के बाद देश खण्डित होने लगा और निराशा का स्वर प्रबल होता गया। बाद की शताब्दियों में कलियुग के जमकर बैठ जाने के विश्वास ने बल पकड़ा और स्तब्ध मनोवृत्ति का काल जमकर लोकचित्त को अभिभूत करने में समर्थ हुआ।

इतिहास में आशा और निराशा के युग आते ही रहते हैं। हमारे दीर्घ इतिहास में तो वे न जाने कितनी बार आए हैं। आशा का अभ्युदय स्वर्णयुग की कल्पनाओं को बढ़ावा देता है, निराशा और अवसाद का बोध दुखमय और पापाश्रयी युग की कल्पना को प्रोत्साहित करता है। सातवीं शताब्दी के बाद के साहित्य में अतीत काल को अविसंवादित रूप से स्वर्णयुग मान लिया जाता है और भविष्य की ओर क्रमश: निराशा का भाव बढ़ता जाता है। क्रमश: अतीत को गौरवशाली और भविष्य को अन्धकारमय समझने की प्रवृत्ति ज़ोर पकड़ने लगती है। घोर कलिकाल की निराशामयी कल्पना की प्रवृत्ति निरंतर बलवती होती जाती है। ऐसा क्यों हुआ ? इसका उत्तर इतिहास ही दे सकता है। हम ज्ञात परिस्थितियों के परिप्रेक्ष्य में ही इस व्यापक मनोवृत्ति का उत्तर पा सकते हैं।

यदि मध्यकाल का अर्थ स्तब्ध मनोवृत्ति का काल है तो उसका ठीक-ठीक आरम्भ भारतवर्ष में कलिकाल के इसी आखिरी रूप से मानना चाहिए। हमारी परम्परा ने यद्यपि कलिकाल का आरम्भ बहुत पहले से मान रखा है और एक प्रकार की नैतिक चिन्ता बहुत पहले से हुई जान पड़ती है पर स्वतन्त्र चिन्तन और आत्मविश्वास का ऐसा अभाव कभी नहीं हुआ जैसा सातवीं-आठवीं शताब्दी के बाद देखने को मिलता है।

लेकिन इस विश्वास के अनुसार कलियुग अंतिम युग है। आजकल के शिक्षित लोग जब 'मध्ययुग' या 'मध्यकाल' शब्द का प्रयोग करते हैं तो उनके कहने का अभिप्राय भारतीय परम्परा के युग-विभाग के अनुसार बीच में पड़ने वाले द्वापर या त्रेता युग से नहीं होता। वस्तुत: यह शब्द अंग्रेजी के 'मिडल एजेज़' के अनुकरण पर बना लिया गया है। यूरोपीय इतिहास में रोमन साम्राज्य के पतन के बाद से लेकर आधुनिक वैज्ञानिक अभ्युदय के पूर्व तक के काल को 'मध्ययुग' या 'मध्यकाल' कहा जाता है। उन्नीसवीं शताब्दी के पश्चिमी विचारकों ने साधारणत: सन् ४७६ ईसवी से लेकर १५५३ ईसवी तक के काल को मध्ययुग कहा है। हाल की जानकारियों से यह मालूम हुआ है कि इस प्रकार के नामकरण का कोई विशेष उल्लेखनीय कारण नहीं था। असल

बात, जैसा कि मैंने अन्यत्र दिखाया है, यह जान पड़ती है कि 'मध्ययुग' शब्द का प्रयोग काल के अर्थ में उतना नहीं होता, जितना एक खास प्रकार की 'पतनोन्मुख और जबदी हुई मनोवृत्ति' के अर्थ में होता है। ऐसा माना जाता है कि मध्ययुग का मनुष्य धीरे-धीरे विशाल और असीम ज्ञान के प्रति जिज्ञासा का भाव छोड़ता जाता है तथा धार्मिक आचारों और स्वत: प्रमाण माने जाने वाले आप्त वाक्यों का अनुयायी होता जाता है। साधारणत: आप्त समझे जाने वाले ग्रन्थों की बाल-की-खाल निकालने वाली व्याख्याओं पर अपनी समस्त बुद्धि खर्च कर देता है। यूरोपीय इतिहास के इसी युग में यह शास्त्रार्थ प्रबल रूप धारण करता है कि सुई की नोक पर कितने फरिश्ते खड़े हो सकते हैं। इस प्रकार की मनोवृत्ति-परक अर्थ स्वीकार करने वाले लोग ही अंग्रेजी में 'मिडिएवल', 'मिडिएवलिज्म' आदि शब्दों का व्यवहार करते हैं। कभी-कभी तो ऐसे शब्दों का व्यवहार अवहेलना-परक अर्थ में ही किया जाता है। इसका प्रयोग हिन्दी 'कलियुगी' जैसे शब्द के अर्थ में नहीं होता, क्योंकि 'कलियुगी' शब्द में जो अनादर का भाव है, वह चरित्र-परक होता है और 'मिडिएवल' (मध्ययुगीन) शब्द का अनादर-भाव कुंठित-मनोवृत्ति-परक अर्थ में होता है। अंग्रेजी शब्दकोष के अनुसार मध्ययुगीन साहित्यकार वह है जो तथाकथित मध्ययुग के कवियों और लेखकों का अनुकरण करके लिखा करता है। जिस काल को मै भारतीय साहित्य का मध्यकाल कहने जा रहा हूँ, उसमें भी अनुकरण करने की थोड़ी-बहुत चेष्टा मिल तो जाएगी पर हम उसे अनुकरण-प्रधान साहित्य नहीं कह सकते। नि:सन्देह इसमें नये काव्य-रूपों का प्रयोग प्रचुर मात्रा में हुआ है। यद्यपि इसमें यह भाव तो है कि पहले के लोगों की तुलना में नये लोग अल्पशक्ति के हैं और पुराने लोगों की कही बातों को परम प्रमाण मानकर उनकी व्याख्या करना और संगति लगाना ही उनका काम है तथापि रचनात्मक क्षेत्र के बारे में यह कहना बहुत उचित नहीं जान पड़ता कि उनमें मात्र अनुकरण की प्रवृत्ति ही प्रधान है।

स्तब्ध या कुंठित मनोवृत्ति क्या है ? कई प्रकार से इस बात को स्पष्ट किया गया है। आधुनिक युग में यह विश्वास किया जाने लगा है कि साहित्यकार जब लिखता है तो उसके द्वारा कुछ बदलना चाहता है। वह अपने इर्द-गिर्द की परिस्थितियों में कुछ असुन्दर या अशोभन देखता है और उसे सुन्दर-शोभन में परिवर्तित करने के लिए व्याकुल हो उठता है। वह केवल बँधी-बँधाई

परिपाटियों से चालित होकर लिखने से यह उद्देश्य नहीं पूरा कर सकता। वास्तविक परिवेश और अनुध्यात शोभनता के बीच जितना ही अधिक व्यवधान होता है उतनी ही अधिक उसकी व्याकुलता होती है इस व्यवधान के पाटने की। आधुनिक युग में नाना कारणों से इस व्यवधान को पाटने की ओर कवि समझ-बूझ कर प्रवृत्त होता है। उसका उद्देश्य, जैसा है—उसकी व्याख्या करना नहीं होता और न यह होता है कि जो कुछ पुराने ज़माने से कहा जाता आया है उसे दुहराए। यह सचेत परिवर्तनेच्छा आधुनिक युग की विशेषता बताई जाती है। इस दृष्टि से देखा जाय तो हमारे आलोच्य काल के भक्ति साहित्य में इस प्रकार की व्याकुलता प्रचुर मात्रा में मिलती है। पर फिर भी वह आधुनिक इसलिए नहीं कही जाती कि उसका अनुध्यात आदर्श परलोक में मनुष्य को मुक्त करना है। इसी लोक में, इसी मर्त्यजगत को सुन्दर और शोभन बनाने के उद्देश्य से वह नहीं लिखा गया। भक्ति-साहित्य संसार के बाह्यरूप को यथास्थित छोड़कर व्यक्ति-मानव के चित्त में परिवर्तन लाने पर अधिक जोर देता है। फिर भी वह लौकिक रस के कवियों की रचनाओं की तुलना में अधिक मुक्त और अधिक कुंठाहीन है, इसमें कोई सन्देह नहीं। भक्ति साहित्य अपने आप में स्तब्ध और कुंठित साहित्य नहीं है, पर परिवर्तन का लक्ष्य अदृष्ट होने के कारण वह पूर्ण मुक्त नहीं है। एक दूसरी बात भी कुंठित मनोवृत्ति को समझाने के लिए कही जाती है। साहित्यकार जब प्रतीक और रूढ़ि का विवेक खो देता है तो वह कुंठाग्रस्त हो जाता है। प्रत्येक शब्द, प्रत्येक मूर्ति, प्रत्येक रेखा और प्रत्येक चिह्न जब तक अपने पीछे के तत्त्वचिन्तन के साथ आते हैं तो प्रतीक होते हैं, परन्तु जब उनके पीछे काम करने वाले तत्त्वचिन्तन भुला दिए जाते हैं तो वे रूढ़ हो जाते हैं। विष्णु का गगनाभ नील वर्ण उनकी अनन्तता का संकेत करता है, उनके चारों हाथ और उनके शस्त्र भी अनन्त काल और गति के निदर्शक हैं, पर विष्णु की मूर्ति को उनका फोटोग्राफ मान लेना रूढ़ है और स्तब्ध मनोवृत्ति का परिचायक है। किसी भी देवता की मूर्ति फोटो नहीं है। यथार्थ चित्र संकेताभिधान होता है और तत्त्वचिन्तन को मुखर करने वाला विग्रह प्रतीक होता है। कहा जाता है कि मध्ययुगीन साहित्यकार भी प्रतीक को रूढ़ रूप में चिह्न या अनुकृति मानने लगता है। इस प्रकार वह कुंठित और स्तब्ध अर्थात् ह्रासोन्मुखी मनोवृत्ति का शिकार हो जाता है।

रूढ़ अर्थ में ईसवी सन् की पाँचवीं से सोलहवीं शताब्दी को मध्ययुग या

मध्यकाल मान लेने में काल की दृष्टि से आसानी है, पर भारतीय साहित्य के प्रसंग में इस काल-खण्ड को ऐसा नाम देना उचित नहीं जान पड़ता। क्योंकि यूरोपीय इतिहास के जिस काल को मध्ययुग कहा जाता है उसके प्रारम्भिक शताब्दिकों को आधुनिक यूरोपियन विद्वान भारतीय इतिहास का स्वर्ण युग कहते हैं। यद्यपि यह बात भी सम्पूर्ण रूप से तथ्य के अनुकूल नहीं कही जा सकती, तथापि इतना तो सत्य है कि भारतीय इतिहास में गुप्त नरपतियों का उत्कर्ष-काल बहुत महत्त्वपूर्ण रहा है। सन् ईसवी की पहली शताब्दी से मथुरा के कुषाण सम्राटों के शासन-सम्बन्धी चिह्नों का मिलना एकाएक बन्द हो जाता है। इसके बाद के दो-तीन सौ वर्षों का काल अब तक भारतीय इतिहास का अंधकार युग ही कहा जाता रहा है। हाल ही में इस काल के अनेक तथ्यों का पता चला है, किन्तु धारावाहिक इतिहास लिखने की सामग्री अब भी पर्याप्त नहीं कही जा सकती। धीरे-धीरे विद्वान अन्वेषक कुछ-न-कुछ नये तथ्यों का संग्रह करते जा रहे हैं। यह अन्धकारयुग शब्द भी यूरोपियन पण्डितों के दिमाग की ही उपज है। यदि राजाओं और राजपुरुषों का नाम ही इतिहास न समझा जाय तो इस काल को 'अंधकारयुग' नहीं कहा जा सकता। धर्म और दर्शन आदि के जो ग्रन्थ परवर्ती डेढ़ हजार वर्षों के इतिहास को प्रभावित करते रहे हैं, उनका बीजारोपण इसी काल में कहीं हुआ था। मनुस्मृति का अन्तिम रूप संभवतः इसी काल की देन है। सूर्य सिद्धान्त का पुराना रूप इसी काल में बना होगा। अश्वघोष ने संभवतः इसी काल में अपनी नयी काव्यशैली का आरम्भ किया और परवर्ती नाटकों, प्रकरणों और अन्यान्य रूपकों को प्रभावित करने वाला भारतीय नाट्यशास्त्र भी इसी काल में अंतिम रूप पा सका था। इसी प्रकार परवर्ती काव्यों को दूर तक प्रभावित करने वाला वात्स्यायन का 'कामसूत्र' इसी काल में संपादित हुआ था। दर्शन और धर्म-साधना के क्षेत्र में अनेक महत्त्वपूर्ण ग्रन्थों और सम्प्रदायों की स्थापना इसी काल में हुई। इस प्रकार परवर्ती भारतवर्ष को जो रूप प्राप्त हुआ, वह अधिकांश में इसी काल की देन है।

हमने पहले ही देखा है कि गुप्तकाल भारतवर्ष में समृद्धि का काल था, उसे स्तब्ध मनोवृत्ति का काल नहीं कहा जा सकता। सन् ईसवी की तीसरी शताब्दी के बाद में मगध का प्रसिद्ध पाटलिपुत्र चार सौ वर्षों की प्रगाढ़ निद्रा के बाद एकाएक जाग उठा। इसी वर्ष चन्द्रगुप्त नामधारी एक साधारण राजकुमार,

जिसकी शक्ति लिच्छिवियों की राजकन्या से विवाह करने के कारण बहुत बढ़ गई थी, अचानक प्रबल पराक्रम के साथ उठ खड़ा हुआ और उत्तर भारत के विदेशियों को उखाड़ फेंकने में समर्थ हो गया। उसके पुत्र समुद्रगुप्त ने और भी प्रचण्ड विक्रम का परिचय दिया। अनेक मदवर्तित सामन्तों और बलदर्पित शासकों का मान मर्दन करके उसने उत्तर भारत को निष्कंटक-सा बना दिया। इसका पुत्र द्वितीय चन्द्रगुप्त विक्रमादित्य भी पिता के समान ही प्रतापशाली हुआ। इसका सुव्यवस्थित साम्राज्य पूर्व समुद्र से पश्चिम समुद्र तक फैला हुआ था। इस समय सनातन वैदिक धर्म नया तेज और नया यौवन पाकर बड़ा शक्तिशाली हो गया। गुप्त सम्राटों के समय भारतवर्ष नवीन उल्लास से उत्फुल्ल था। जहाँ तक सर्जनात्मक साहित्य का प्रश्न है, इस काल में काव्य, नाटक, कथा, आख्यायिका आदि विविध काव्यांगों का विकास चरम बिंदु तक पहुँच गया था। इस काल के कवि अतीत के प्रति बहुत श्रद्धाप्रवण थे, परन्तु उनमें आत्म-विश्वास भी उतनी ही प्रचुर मात्रा में विद्यमान था जितनी प्राचीनता के प्रति श्रद्धा। इस विश्वास और श्रद्धा के युगपत् सम्मिलन से वे शक्तिशाली साहित्य दे सके। श्रद्धा की मात्रा उत्तरोत्तर बढ़ती गई और अन्ततः उसने आत्मविश्वास को अभिभूत कर लिया। जहाँ से यह स्थिति पैदा हुई, वहीं से ह्रासोन्मुख काल या मध्ययुग का आरम्भ समझना चाहिए।

लगभग इसी समय दक्षिण में वाकाटक नृपतियों का शक्तिशाली शासन था। वे भी संस्कृत और प्राकृत साहित्य के संरक्षक हुए। वाकाटक नृपति प्रवरसेन स्वयं प्राकृत के बहुत अच्छे कवि थे। गाथा सप्तशती (गाहासत्तसई) की कई गाथाएँ वाकाटक नृपतियों की लिखी बताई जाती हैं। संस्कृत साहित्य में इसी समय वैदर्भी, पांचाली और मागधी रीतियों की नीव पड़ी। राजशेखर ने जिस वाच्छोमी (वत्सगुल्मी) रीति का उल्लेख किया है वह भी वाकाटक नृपतियों की एक शाखा की राजधानी वत्सगुल्म (वर्तमान 'वाशम') के नाम पर है। विदर्भ में वाकाटकों का ही राज्य था। इस प्रकार सन् ईसवी की चौथी-पाँचवीं शताब्दी दो अत्यन्त प्रभावशाली राजवंशों—गुप्तों और वाकाटकों—के प्रोत्साहन के कारण साहित्य और कला के परम उत्कर्ष का काल है।

विशेष ध्यान देने की बात यह है कि इस समृद्धिकाल के साहित्य में शब्द की अपेक्षा अर्थ पर अधिक ध्यान दिया गया है। जीवन को उपभोग्य और ग्राह्य बनाने पर अधिक बल है। शब्द-शक्तियों का विचार अवश्य किया गया है, पर

बाल की खाल निकालने की प्रवृत्ति कम है। साहित्य और कला में उन वस्तुओं पर अधिक बल दिया गया है जो शब्दों द्वारा संकेतित होती हैं, स्वयं शब्द मात्र नहीं हैं। अजन्ता के चित्रों में और तत्कालीन साहित्य में जीवन का उमड़ता प्रवाह मिलता है। 'यहाँ जो भोग है वह शक्ति से पोषित और संयम से निर्देशित है। संयम लक्ष्य नहीं, साधन है; और भोग भी लक्ष्य नहीं, बृहत्तर उपलब्धि का सहायक है। परवर्तीकाल में शब्द प्रधान हो गया है, अर्थ क्रमशः सिमटता गया है। अर्थ से क्रमशः कटता हुआ शब्द, स्तब्ध और प्रयोग-विरहित शैथिल्य को ही जन्म दे सकता है।

वस्तुतः यूरोप के इतिहास में जिस समय मध्ययुग का प्रारम्भ हुआ उस समय भारतीय इतिहास में नवीन उत्साह और नवीन जोश का उदय हुआ था। संस्कृत भाषा ने नयी शक्ति प्राप्त की और समूचे देश में एक नये ढंग की राष्ट्रीयता की लहर दौड़ गयी। इस काल में राज-काज से लेकर साहित्य, धर्म और सामाजिक विधि-व्यवस्था तक में एक विचित्र प्रकार की क्रान्ति का पता लगता है। पुराने शासक लोग राजकार्य के लिए जिन शब्दों का व्यवहार करते थे उन्हें छोड़ दिया गया। कुषाण नरपतियों ने जिस गान्धारशैली की मूर्तिकला को बहुत सम्मान दिया था वह एकदम उपेक्षित हो गई। आज के भारतीय धर्म, समाज, आचार-विचार, क्रिया-काण्ड सभी विषयों पर इस युग की अमिट छाप है। इस काल को और चाहे जो कहा जाय, पतनोन्मुखी और जबदी हुई मनोवृत्ति का काल नहीं कहा जा सकता। जो पुराण और स्मृतियाँ आजकल निस्संदिग्ध रूप में प्रामाणिक मानी जाती हैं, उनका सम्पादन अन्तिम रूप से इस काल में ही हुआ था। जो काव्य, नाटक, कथा, आख्यायिकाएँ उन दिनों लिखी गईं वे आज तक सम्मान और श्रद्धा पा रही हैं। जो शास्त्र उन दिनों प्रतिष्ठित हुए वे सैकड़ों वर्ष बाद आज भी भारतीय मनीषा को प्रेरणा दे रहे हैं। इस काल को, भारतीय उन्नति के स्तब्ध हो जाने का काल नहीं कहा जा सकता। गुप्तकाल के बाद भी दो शताब्दियों तक साहित्यिक सर्जनात्मक प्रतिभा फलती-फूलती रही। आधुनिक विद्वान आठवीं शताब्दी को भारतीय साहित्य के स्वर्णयुग की अन्तिम सीमा मानते हैं। हमने देखा है कि कलिकाल के जमकर बैठने का काल भी लगभग यही है। इसलिए मेरा सुझाव है कि यहीं से भारतीय साहित्य के स्वतन्त्र चिन्तन के वास्तविक ह्रास का काल माना जाय और इस काल का अन्तिम सीमान्त १८वीं शताब्दी तक स्वीकार किया जाय। यहीं से भारतीय साहित्य का टीका

युग शुरू होता है। इसे ही आधुनिक पारिभाषिक शब्दावली में मध्ययुग या मध्यकाल कहा जाना चाहिए।

इस लम्बे काल के भी दो हिस्से हैं। ८वीं से १३वीं शताब्दी का काल पूर्व मध्ययुग है और १३वीं से १८वीं शताब्दी तक का काल उत्तर मध्ययुग। यद्यपि मुसलमानों का आगमन इस देश में पहले ही हो चुका था पर बारहवीं शताब्दी के बाद ही वे इस देश के सांस्कृतिक सन्दर्भ में अनुभव किए जाने योग्य हो सके। १२वीं शताब्दी तक के काल के साहित्यिक प्रयत्नों में उनका प्रभाव नहीं दिखाई देता या नगण्य दिखाई देता है।

गुप्त-वाकाटक काल में हिन्दू धर्म नये रूप में उभरा था। इस काल में पूर्ववर्ती आर्ष ग्रन्थों को अकाट्य रूप में प्रमाण मानने की प्रवृत्ति उत्तरोत्तर बढ़ती गई। वेदों को स्वतः प्रमाण मानने के आग्रह से यह बद्धमूल हो गई और वेदविरोधी सम्प्रदायों को नास्तिक और हेय मानने की बुद्धि निरन्तर बढ़ोतरी पर रही। प्रायः सभी सम्प्रदायों में उपास्य देवताओं की मूर्ति कल्पित की गई और प्रत्येक देवता की शक्ति की भी कल्पना की गई। इन देवियों और देवताओं की स्तुति में मनोहर काव्य रचे गए। देव मन्दिरों, मूर्तियों, भित्तिचित्रों, नाटकों, काव्यों में स्वस्थ मानवचित्र सहास्रधार होकर दर्शन, धर्म, साधना और तपस्या के क्षेत्रों में विपुल वैभव उद्रिक्त हुआ; नागरिक जीवन में कला, संगीत, काव्य, आख्यायिका आदि के विनोद बहुत परिमार्जित होकर सामने आए; युद्ध और शान्ति के लिए मानवीय प्रयासों में अद्भुत क्षमता आ गई और जीवन को इहलोक में सफल और परलोक में चरितार्थ करने की वृत्ति शक्तिशालिनी सिद्ध हुई। इस काल का सहृदय प्रतीक और संकेत (सिम्बल और साइन) के विवेक से बहुत अधिक च्युत नहीं हुआ था। आठवीं शताब्दी तक वह विवेक पर किसी-न-किसी प्रकार जमा रहा, पर आगे चलकर वह विवेक के स्थान पर रूढ़ि का समर्थक हो गया।

इस प्रकार गुप्त-वाकाटक काल के बाद भी लगभग दो सौ वर्षों बाद तक भारतीय साहित्य का रचनात्मक पक्ष शक्तिशाली रहा। बाद में वह शिथिल हो गया। यद्यपि कोई एक निश्चित तिथि इसके लिए निर्दिष्ट नहीं की जा सकती तथापि इतना निश्चयपूर्वक कहा जा सकता है कि ईसवी सन् की सातवीं-आठवीं शताब्दी तक भारतीय साहित्य का बहुत ही उज्ज्वल काल है। विंटरनित्स ने कहा है कि सन् ईसवी की ८वीं शताब्दी के आते-आते भवभूति के बाद भारतीय साहित्य का स्वर्णयुग समाप्त हो जाता है (हिस्ट्री आफ इण्डियन लिटरेचर जिल्द ३ पृ० ५३)।

इस काल तक रामायण और महाभारत श्रद्धापूर्वक आदर्श काव्य स्वीकार कर लिए गए थे। कालिदास की बहुत ही महत्त्वपूर्ण रचनाएँ लिखी जा चुकी थीं। श्री हर्षदेव के नाटक, माघ और भारवि के काव्य, भवभूति के नाटक आदि महत्त्व-पूर्ण रचना के रूप में प्रतिष्ठित हो चुके थे। गद्यकाव्य में सुबन्धु और वाणभट्ट का सिक्का जम चुका था। प्राकृत की गाथा सप्तशती संगृहीत और प्रतिष्ठित हो चुकी थी। अमरुक, बिल्हण आदि की सरस मुक्तक रचनाएँ सम्मानित हो चुकी थीं। यद्यपि परवर्ती काल में भास के नाटक मूल रूप में भुला दिए गए थे, परन्तु उनकी साहित्यिक प्रतिष्ठा स्वीकृत हो चुकी थी। भास के ही एक नाटक का परवर्ती परिवर्द्धित रूप मृच्छकटिक—आदर और सम्मान प्राप्त कर चुका था। भरत का नाट्यशास्त्र, वात्स्यायन का कामसूत्र, पिंगल का छन्दःसूत्र आदि कवि-बुद्धि के प्रेरणादायक ग्रन्थ श्रद्धापूर्वक आर्ष ग्रन्थ स्वीकार कर लिये गए थे और भामह, दण्डी आदि के काव्य विवेचना-परक ग्रन्थ प्रतिष्ठा प्राप्त कर चुके थे। भट्टि-काव्य एक ओर जहाँ उत्तर काव्य-ग्रन्थ के रूप में समादृत हुआ था वहीं व्याकरण और कविशिक्षा के लिए भी उपयोगी माना जाने लगा था। अश्वघोष, मातृचेट आर्यसूर आदि बौद्ध कवियों को, जो संस्कृत साहित्य में महत्त्वपूर्ण स्थान के अधिकारी हैं, भुला दिया गया था। केवल आधुनिक काल के विद्वानों की खोज से इनकी रचनाओं के बारे में कुछ जाना जा सका है। यद्यपि ८वीं शताब्दी के बाद भी कई महत्त्वपूर्ण काव्य संस्कृत में लिखे गए, जिनमें श्री हर्ष का 'नैषध चरित' और जयदेव का 'गीत गोविन्द' काफी लोकप्रिय रहे तथापि मुख्य रूप से इसी काल की, अर्थात् ८वीं शताब्दी के पूर्व की, रचनाएँ इस देश के काव्य-रसिकों का आगामी सहस्र वर्षों तक मन मुग्ध किए रहीं।

मैंने आरम्भ में ही निवेदन किया है कि आलोच्य विषय (मध्यकालीन साहि-त्यिक बोध) की जानकारी के लिए सिर्फ यह जरूरी नहीं है कि हम यह जानें कि इस काल में साहित्यिक लोगों ने क्या लिखा, बल्कि यह भी जनना जरूरी है कि वे किन बातों को आदर्श और श्रेष्ठ समझते थे। क्योंकि मैंने पहले ही आपको बताया है कि ८वीं शताब्दी से हमारे देश में एक प्रकार की ह्रासोन्मुखी मनोवृत्ति का प्राधान्य आरम्भ हो गया था। इस काल में यह मान लिया गया था कि जो कुछ अच्छा था वह पहले के लोग कर गए हैं, नये सिरे से हम केवल उनकी व्याख्या कर सकते हैं। नया कुछ देने का दावा प्रायः खत्म हो चुका था। इसलिए अगले व्याख्यान में संक्षिप्त रूप से मैं उस साहित्य का परिचय देना आवश्यक

समझता हूं, जिसे परवर्ती काल के लोगों ने आदर्श मान लिया था। निःसन्देह व्याख्या करने के बहाने नयी चीज़ देने का प्रयत्न भी इस काल में किया गया, परन्तु आदर्श बराबर पुराने लोगों की कृतियाँ ही रही हैं। काव्यालोचन के प्रसंग में कुछ अधिक स्वतन्त्र चिंतन का परिचय इसके बाद भी मिलता है, लेकिन वह भी सन् ईसवी की ११वीं शताब्दी के बाद स्तब्ध और गतिहीन हो जाता है।

साहित्य शब्द का प्रयोग आजकल हम कुछ अधिक व्यापक अर्थों में करने लगे है। परन्तु इस व्याख्यान में हमने इस शब्द का प्रयोग केवल रचनात्मक साहित्य तथा उसके मूल्यांकन के प्रयासों तक ही सीमित रखा है। लेकिन इस बात की ओर इंगित कर देना आवश्यक है कि दर्शन, धर्मशास्त्र, ज्योतिष, आयुर्वेद आदि अन्यान्य शास्त्रीय विषयों की भी यही स्थिति है। सर्वत्र ईसवी की ८वीं शताब्दी तक के बने हुए ग्रन्थों को आदर्श और व्याख्येय माना गया है। परवर्ती काल में भी इन विषयों की जो पुस्तकें लिखी गयी हैं, उनमें नया कुछ कहने का दावा बहुत कम है। अधिकतर पूर्ववर्ती आचार्यों की बातों को प्रामाणिक मानकर पुस्तकें लिखी गयी हैं और सर्वत्र यह मनोभाव दृष्टिगोचर होता है कि श्रेष्ठ चिन्तन पहले के लोग कर गए हैं। अब या तो व्याख्या करनी है या उनकी बातों का संक्षेप में संग्रह कर देना है। अतः साहित्य में जिस स्तब्ध और जबदी हुई मनोवृत्ति का आभास मिलता है, वही अन्यान्य चिन्तन-क्षेत्रों में भी उपलब्ध होती है।

आठवीं शताब्दी के बहुत पहले ही महाभारत और रामायण को सर्वश्रेष्ठ काव्य के रूप में स्वीकार कर लिया गया था। इनमें रामायण को आदिकाव्य माना गया था। महाभारत को इतिहास अधिक और काव्य कम समझा जाता था। आठवीं शताब्दी के कुछ पूर्व से जिस अलंकृत काव्यशैली को बहुत सम्मान मिलने लगा, उसके आदर्श रूप में रामायण ही को स्वीकार किया जा सकता था। इस तथ्य से सहज ही अनुमान किया जा सकता है कि मध्यकालीन काव्य-प्रेमी का साहित्यिक आदर्श क्या था। वह ललित पदविन्यास, छन्द-योजना, रस-व्यंजना और अलंकार-योजना को अधिक गौरव देता था।

सो, भारतीय पण्डितों ने भी रामायण को तो 'आदिकाव्य' कहा है, परन्तु महाभारत को 'इतिहास', 'आख्यान', 'पाँचवा वेद' आदि कहा है और इस प्रकार यह बताना चाहा है कि महाभारत रामायण से भिन्न श्रेणी की रचना है। कौटिल्य के अर्थशास्त्र (१-५) के अनुसार इतिहास में पुराण और इतिवृत्त का

समावेश होता है। ऐसा जान पड़ता है कि परवर्ती पुराणों की परम्परा महाभारत के रूप से सम्बद्ध है और काव्यों की परम्परा रामायण के रूप से, पर न तो परवर्ती पुराण महाभारत की ऊँचाई तक पहुँच सके हैं और न परवर्ती काव्य रामायण की गुरुता तक। महाभारत को यद्यपि विशेष रूप में 'काव्य' नहीं कहा गया तथापि उसमें कितने ही आख्यान ऐसे हैं जो निश्चित रूप से 'काव्य' की श्रेणी में आते हैं और समूचे महाभारत में कविबुद्धि को प्रेरणा देने वाले तत्त्व प्रचुर मात्रा में वर्तमान हैं। परवर्ती काल के कवियों ने बाल्मीकि और व्यास दोनों को श्रेष्ठ कवि मान लिया था। परम अभिमानिनी कर्णाट-राजप्रिया (विज्जिका ?) ने अपने को सभी कवियों से श्रेष्ठ घोषित करते हुए भी तीन कवियों को सावधानी से पूज्य और श्रेष्ठ स्वीकार किया था। इनमें एक तो स्वयं ब्रह्मा हैं, दूसरे बाल्मीकि हैं और तीसरे व्यास हैं। ब्रह्मा को वेदों का रचयिता समझकर उन्हें कवि रूप में स्वीकार किया था। उसकी दर्पोक्ति से इतना स्पष्ट ही है कि महाभारत और पुराणों के रचयिता व्यास पूज्य कवि के रूप में मान लिये गये थे। स्वयं महाभारत ने अपने विषय में कहा है : "जैसे दही में मक्खन, मनुष्यों में ब्राह्मण, वेदों में आरण्यक, औषधों में अमृत, जलाशयों में समुद्र और चतुष्पदों में गौ श्रेष्ठ है, उसी प्रकार इतिहास में यह 'भारत' श्रेष्ठ है। इस आख्यान को सुनने के बाद अन्य कथाएँ उसी प्रकार फीकी मालूम होंगी जिस प्रकार कोकिल की वाणी सुनने के बाद काक की वाणी। जैसे पंचभूत से लोक की तीन संविधियाँ उत्पन्न होती हैं उसी प्रकार इस इतिहास को सुनकर कवि-बुद्धियाँ उत्पन्न होती हैं।" अर्थात् महाभारतकार के मन में यह बात उपस्थित थी कि इस इतिहास को सुनकर कवि-बुद्धियाँ उत्पन्न होंगी। यह बात अक्षरशः सत्य है, क्योंकि पिछले दो हजार वर्षों के भारतीय साहित्य को यह महाग्रन्थ नित्य प्रेरित और चालित करता रहा है। अनेक युगों के संचित भारतीय ज्ञान का यह भण्डार माना जाता रहा है। कवि-बुद्धि से कदाचित् महाभारतकार प्रतिभा के साथ-ही-साथ शिक्षा और अभ्यास का भी ग्रहण करते हैं। 'बुद्धि' शब्द का प्रयोग संकेत करता है कि उन दिनों कवि-कर्म के लिए विशेष प्रकार का 'शिक्षित पटुत्व' आवश्यक माना जाने लगा था।

महाभारत की मूल कहानी कुरु-पाण्डव-युद्ध है जो सम्भवतः प्राचीनतर कुरु-पांचाल-युद्ध का किंचित परिवर्तित रूप था। परन्तु इस मूल कहानी के इर्द-गिर्द अनेक प्राचीन उपाख्यान आ जुटे हैं, जिन्होंने इस ग्रन्थ को 'संहिता' (संग्रहीकृत)

का रूप दिया है। इन कहानियों में कई तो यूरोपियन देशों में इतनी प्रिय हुई हैं कि एक ही कहानी के भाषा में तीन-तीन चार-चार अनुवाद हुए हैं। ऐसे उपाख्यानों को यूरोपियन पण्डितों ने 'महाकाव्य के भीतर महाकाव्य' (एपिक विदिन एपिक) नाम दिया है। सहृदय के चित्त को भाव मथित कर डालने में ये उपाख्यान अत्यन्त प्रभावशाली हैं। श्री एफ० वप्प जैसे मर्मज्ञ विद्वान ने आज से लगभग डेढ़ सौ वर्ष पहले नल-दमयन्ती के उपाख्यान की इस महिमा को अनुभव किया था। उन्होंने लिखा था—"मैं सिर्फ इतना ही कहूँगा कि मेरी समझ में करुणा तथा आवेगों की दृष्टि से और भावों की कोमलता तथा विमोहक शक्ति के ख्याल से नल-दमयन्ती का उपाख्यान अद्वितीय है। इसकी रचना इस ढंग से की गई है कि वह सबको आकर्षित करती है—चाहे वह बूढ़ा हो या जवान, उच्च जातीय हो या नीच जातीय, रसज्ञ आलोचक हो या सहज बुद्धि द्वारा चालित साधारण पाठक। कोई आश्चर्य नहीं कि इस उपाख्यान ने देश-विदेश के सहृदयों के चित्त को इस प्रकार आलोडित किया है और यह अनेक काव्यों और नाटकों का मूल प्रेरणादाता रहा है। ऐसी कहानियाँ महाभारत में बहुत हैं। सावित्री-सत्यवान के आख्यान के सम्बन्ध में सुप्रसिद्ध जर्मन पण्डित श्री विंटरनित्स ने लिखा था कि 'चाहे जिस किसी ने सावित्री के काव्य की रचना की हो, चाहे वह कोई सूत रहा हो या ब्राह्मण, वह अवश्यमेव सब कालों का सर्वोच्च कवि था।'' ऐसी कहानियों का सीधा सम्बन्ध मूल कहानी से नहीं है, पर मूल कहानी भी भारतवर्ष के और बाहर के सहृदयों और कवियों को शताब्दियों से प्रभावित करती रही है।

रामायण में कवि का नैपुण्य बहुत स्पष्ट है। उससे कवि के व्यक्तित्व का अन्दाज़ा आसानी से लगाया जा सकता है। पर महाभारत उससे भिन्न कोटि की रचना है। वह एक कवि का बलपूर्वक सँवारा काव्य नहीं है। अनेक आख्यान उसमें जुड़ते रहे हैं। फिर भी, मैंने अन्यत्र बताया है कि एक हाथ की रचना न होने पर भी महाभारत एक सम्पूर्ण युग की रचना है। इसमें किसी एक व्यक्ति—कवि—का तो नहीं, पर एक सम्पूर्ण युग का व्यक्तित्व बहुत ही स्पष्ट रूप से अभिव्यक्त हुआ है। इस युग में भारतीय जनता शहर और गाँव में इतनी अधिक नहीं बँट गई थी, यदि बँटी भी थी तो अंतर बहुत थोड़ा था। अभिजात वंश के लोगों के साथ उसका अंतर बहुत अधिक नहीं था। इस युग के राजा और सरदार लोगों ने हथियार नहीं छोड़ा था, वे साधारण जनता के साथ-साथ युद्ध

में लड़ते थे और यदि राजवंशीय व्यक्ति साधारण व्यक्ति से प्रत्यक्ष वीरत्व में किसी प्रकार कम सिद्ध हुआ तो उसकी हेठी मानी जाती थी। महाभारत उज्ज्वल चरित्रों का विशाल वन है। इस ग्रंथ में ऐसे पात्र बहुत कम हैं—नहीं हैं, कहना अधिक ठीक है—जो महलों में पलकर चमके हों। सबके सब एक तूफान के भीतर से गुजरे हैं। संघर्षों के भीतर से ही महाभारत के सर्वोत्तम चरित्र विकसित हुए हैं। उनका विकास कवि की सुनियंत्रित योजना के इशारे पर नहीं हुआ है, बल्कि अपने-आपकी भीतरी शक्ति के द्वारा हुआ है, जैसे महावन की विशाल वनस्पति हो जो तूफानों और शिलावृष्टियों की चोट सहकर और पार्श्ववर्ती बनराजिकी भयंकर प्रतिद्वन्द्विता को पछाड़कर आकाश में सिर उठाता है। इन पात्रों ने अपना रास्ता स्वयं निकाला है, अपनी ही रची हुई विपत्ति की चिता में ये हंसते-हंसते कूद गए हैं। महाभारत का अदना-से-अदना चरित्र भी डरना नहीं जानता। आत्मविश्वास की ऐसी उच्छल धारा सर्वत्र नहीं मिल सकती। सबके चेहरे पर अकुतोभय भाव है, अविश्वास की छाया कहीं नहीं; असफलता तो है, पर निराशा नहीं है। जीवन की गलतियां तो हैं, पर उनके लिए अनुताप नहीं है। सरल तेज, अकृत्रिम दर्प, निर्भीक वीरत्व, विवेकयुक्त कर्तव्य और अकपट आचरण महाभारतीय वीरों के चरित्र के मूल स्वर हैं।

महाभारत में एक जटिल समाज व्यवस्था के आरंभ का आभास पाया जाता है, जिसमें कूटनीति सदाचार पर, सामयिक सुविधा पुरानी रूढ़ियों पर, युक्ति-तर्क सहज बोध पर विजयी होते दीख जाते हैं। महाभारत में लड़ाकू सभ्यता चरम विन्दु पर पहुँची है और प्रत्यक्ष युद्ध के स्थान पर कूटनीतिक युद्ध का बीजारोपण हो चुका है।

क्या कारण है कि परवर्तीकाल में महाभारत को रामायण की तरह विशुद्ध काव्य नहीं समझा गया ? य़ा कम-से-कम उसे आदि काव्य रामायण की तरह केवल काव्य नहीं माना गया ? परवर्ती काल में एक प्रकार की मनोवृत्ति का अवश्य ही विकास हुआ होगा जो इन दोनों महान काव्य-ग्रंथों में इस प्रकार भेद कर सकी हो। यह मनोवृत्ति हमारे लिए विशेष उपयोगी होगी, क्योंकि इससे मध्यकालीन साहित्य बोध के समझने में सहायता मिलती है। बात यह है कि महाभारत के कथानकों को परवर्ती महाकाव्यों की भांति अलंकृत करके कहने का प्रयत्न नहीं किया गया है। चरित्रों की भीतरी प्राणशक्ति ने ही कथानक को सहज प्रवाह दिया है और सहृदय में प्रविष्ट होने की क्षमता दी है। महाभारत

में तत्कालीन ज्ञान-विज्ञान की विशद व्याख्या है। कर्तव्य-अकर्तव्य के निर्माण का ऐसा विवेकयुक्त प्रयत्न भारतीय साहित्य में फिर कभी नहीं हुआ। परन्तु इन सभी व्याख्याओं और प्रयत्नों में एक अद्भुत सहज भाव है, जिसकी तुलना और किसी चीज से नहीं की जा सकती। प्राणशक्ति के सहज प्रवाह और विवेक बुद्धि को निरन्तर उद्बुद्ध करने के प्रयत्नों ने इस महाग्रंथ को अपूर्व महिमा से मण्डित किया है। महाभारत अपने प्रतिपाद्य युग को उसके समस्त दोष-गुणों के साथ अत्यन्त जीवन्त रूप में प्रकाशित करता है। इस सहज गौरव ने ही इस ग्रंथ को सर्वकाल के 'कवि-बुद्धियों' के उत्पादक की महिमा दी है। संसार के साहित्य में शायद ही कोई ऐसा दूसरा ग्रंथ हो जो महाभारत की तुलना में रखा जा सके। वह अपने युग के शक्तिशाली व्यक्तित्व को प्रकाशित करता है और आगे आने वाले काल को प्रेरणा देता है। फिर भी वह उस श्रेणी का काव्य नहीं है, जिसमें बात को चमत्कारपूर्ण ढंग से कहने का प्रयत्न होता है; शब्द और अर्थ के अलंकरणों का समझ-बूझकर प्रयोग किया जाता है, जिसे अलंकृत काव्य कहा जाता है।

महाभारत कई हाथों की रचनाओं की 'संहिता' है, किन्तु उसकी अपेक्षा रामायण 'एक हाथ की रचना' अधिक है। प्रक्षेप इसमें भी है, पर ऐसा जान पड़ता है कि इसका मुख्य अंश एक ही कवि की कुशल लेखनी का चमत्कार है। इस कवि को छन्दों पर पूरा अधिकार था, वर्ण्य विषय के सभी पहलू उसके लिए हस्तामलक की भाँति स्पष्ट थे और मनुष्य के चित्त को मथित कर देने वाली घटनाओं का उसे पूर्ण ज्ञान था। ग्रंथ के आरम्भ की कहानी बड़ी संकेतपूर्ण है। बाल्मीकि मुनि ने क्रौंच-पक्षियों के एक प्रेम-परायण जोड़े में से एक को व्याध-बाण से मारे जाते देखा था और ऋषि के कोमल हृदय में इस घटना से ऐसी व्यथा पहुंची कि उन्होंने व्याध को कठिन शाप दिया और इस शाप के वाक्य ने ही अद्भुत छन्द का रूप धारण किया। इन घटनाओं का उल्लेख करते हुए महाकवि कालिदास ने कहा था कि मुनि-चित्त का शोक ही श्लोक बन गया था—'निषाद-विद्धाण्डजदर्शनेत्थः श्लोकत्वमापद्यत यस्य शोकः' रामायण की यह अत्यन्त संक्षिप्त और अत्यन्त मार्मिक आलोचना है। ऋषि कवि के हृदय का पुंजीभूत शोक ही रामायण काव्य है। करुणा का ऐसा विशाल महान काव्य

संसार में संभवतः दूसरा नहीं है। शताब्दियों से इसने भारतवर्ष के साधारण से लेकर सुसंस्कृत सहृदयों के चित्त को मुग्ध कर रखा है, शताब्दियों भारतीय साहित्यकारों ने इसे आदर्श और अनुकरणीय ग्रन्थ समझा है और इसमें कोई अतिशयोक्ति नहीं है कि शताब्दियों तक इस ग्रन्थ को पवित्र और निर्दोष माना जाता रहेगा। भारतीय साहित्य के आधे से अधिक हिस्से को इसी पवित्र महाकाव्य ने प्रेरित किया है।

रामायण में तीन प्रेम-विछोहों की योजना है। इनमें एक तो कवि-कथा के रूप में ही है। इन तीनों में ही उसी क्रीड़ा-परायण क्रौंच मिथुन में से एक के विछोह—अप्रत्याशित दुर्भाग्य के अकारण प्रहार से उत्पन्न विछोह—का स्वर मुखर हुआ है। इनमें से एक है राम का अयोध्या से वियोग। अयोध्या जब सर्वप्रिय नवीन कान्त राम को पति रूप में पाने की तैयारी कर रही है—जैसे नव परिणीता वधू व्याकुल उत्सुकता के साथ प्रिय मिलन की तैयारी कर रही हो—ठीक उसी समय दुर्भाग्य-व्याध अपने अप्रत्याशित बाण का संधान करता है और जोड़ा बिछुड़ जाता है। अयोध्या अनाथ हो जाती है—'चन्द्रहीनमिवाकांश तोयहीनमिवार्णवम्।' एक ही झटके में अयोध्या की सारी समृद्धि फक हो गई। कहाँ का नाच और गान, सारी नगरी एक सिरे से दूसरे सिरे तक उदास और श्रीहीन हो गई, बाजार बन्द हो गए, जन-चित्त से हर्ष के चिह्न पुँछ ही गए : जैसे महा समुद्र का जल एकाएक सूख गया हो।

क्रौंच-मिथुन के प्रेम-विछोह से जिसे प्रेरणा मिली थी वह करुणभाव राम के वनवास के रूप में मूर्तिमान हो उठा है। ऐसा जान पड़ता है कि रामायण के कवि को प्रेरणा देने वाली घटना भी काव्य की सुनियोजित परिकल्पना का ही अंग है। मध्ययुगीन भारतीय कवि के मन में इस प्रकार की परिकल्पना का बड़ा मान था। छोटे-बड़े हर कवि ने सुनियोजित परिकल्पना का कुछ-न-कुछ सहारा अवश्य लिया था। मध्यकालीन साहित्य-बोध में इस बात का बड़ा महत्त्व है। दूसरा विछोह होता है राम का सीता से। यहाँ रावण इस दुर्भाग्य का वाहक है। इस प्रसंग में राम की व्यथा से रामायण पूर्ण है। एक बार दुःख-कातर राम कह उठते हैं कि मैं सोचता हूँ कि मेरे जीवन में विछोह हुआ है—सारा जीवन शोक-वेग से परिपूर्ण है।

तीसरा और सर्वाधिक मर्मभेदी विछोह है सीता का राम से। समस्त विपत्तियों और आपदाओं के समुद्र को पार करने के बाद सीता शान्ति की साँस

लेती हैं—भविष्य सुख की जरा सी कल्पना उनके चित्त में आवेग का कंपन उत्पन्न करती है। ठीक उसी समय दुर्भाग्य फिर बाण का संधान करता है और पक्षियों के किलकते जोड़े-सी दशा होती है। इस प्रकार समूची रामायण ऋषि के करुण चित्त का विगलित मूर्त रूप है। कालिदास ने ठीक ही कहा था, 'श्लोकत्वमापद्यत यस्य शोक:।'

स्पष्ट है कि रामायण के कवि के मन में प्रकृति और मनुष्य के समानुभूतिमय साहचर्य का जीवंत रूप विद्यमान है। यदि यह कहा जाय कि बाद के कवियों को भी ऐसी दृष्टि-संपत्ति नहीं मिली तो कोई अतिरंजन नहीं होगा। केवल बाह्य प्रकृति ही नहीं, मानवीय प्रकृति का भी जैसा सूक्ष्म निरीक्षण कवि को प्राप्त है, वैसा अन्यत्र दुर्लभ है। रामायण में महाभारत के समान पात्रों की प्रचुरता नहीं है, पर जितने भी हैं उनके भीतर और बाहर का ऐसा अद्भुत चित्रण किया गया है कि दीर्घकाल से सहृदय केवल आश्चर्य से देखता रह गया है। शिलगल ने शायद ठीक ही कहा था कि 'रामायण के जीवन्त पात्रों की तुलना में यूरोप के क्लासिकल साहित्य के पात्र फीके पड़ जाते हैं;' और जब कभी बालमीकि प्रकृति की ओर दृष्टि डालते हैं तो न केवल वे प्रकृति को जीवन्त रूप में उपस्थित कर देते हैं, बल्कि उनके हृदय के सहज उल्लास से प्रकृति अपूर्व भावरस में स्नान करके नवीन हो उठती है। किष्किन्धा काण्ड में वर्षा और शरद् ऋतुओं के वर्णन बहुत ही सजीव हुए हैं। परवर्ती कवियों की भाँति इनमें कवि-कल्पना के गूढ़ रूपक नहीं हैं, सीधे प्रकृति के बाह्य रूप के भीतर अनायास दृष्ट प्राणों का सहज उल्लास है।

यद्यपि इस काव्य में ऐसी सावधानीपूर्वक की गई सजावट, शब्दों और अर्थों के अभिराम अलंकरण आदि तत्त्व प्रचुर मात्रा में मिल जाते हैं, फिर भी यह परवर्ती अलंकृत महाकाव्यों से भिन्न है। इसमें अलंकरण अनायास आ गए हैं। वे दूर की कौड़ी ले आने के कवि कौशल से सम्पूर्ण रूप में स्वतंत्र हैं। सजावट वहाँ काव्य का सहज प्राणवन्त अंग है, वेष्टित आवरण नहीं।

रामायण भी एक युग का व्यक्तित्व लेकर प्रकट हुआ है। इसके केन्द्र में तेजोदृप्त गृहस्थ है, जो विपत्तियों से म्लान नहीं हो जाता, संपत्ति से उकता नहीं जाता, शत्रु की गर्वोक्तियों से उत्तेजित नहीं हो जाता और परिस्थिति की विषमताओं से विचलित नहीं हो उठता—शान्त-शान्त सौम्य, गम्भीर और अविकत्थन। रामायण का बीर महाभारत के वीर की अपेक्षा अधिक सँवारा

हुआ, अधिक सम्हाल कर रचा हुआ वीर है जिसकी चित्तवृत्ति महाभारत के वीर की भाँति सहज ही उत्तेजित नहीं हो जाती बल्कि मर्यादाओं की रश्मि से सदा नियंत्रित होती रहती है। महाभारत के वीर अधिकतर अपने सजातीय वीर, समाज में पनपे हैं। उसके क्षत्रिय वीर अनेक प्रकार के कालोपयोगी अस्त्र-शस्त्रों से सुसज्जित हैं, तत्कालीन प्रचलित नवीनतम युद्ध-कौशलों और युद्ध-रूढ़ियों के अभ्यस्त हैं। पर रामायण के हनुमान, सुग्रीव, जाम्बवान जैसे अनेक वीर न तो इन कौशलों के जानकार हैं, और न रूढ़ियों के कायल। फिर भी रामायण के वीर के चित्त में सहज नैतिक स्वर प्रधान है। महाभारत के वीरों में नैतिक आचरण कुछ-कुछ बौद्धिक है, समय-बे-समय उसका अन्यथा-चरण हो सकता है, पर रामायण के वीर का नैतिक आचरण सहज है, उसका अन्यथाभाव सम्भव नहीं। इस प्रकार रामायण में महाभारत की अपेक्षा कुछ पूर्वतन समाज के चरित्र को महाभारत की अपेक्षा परवर्ती भाषा और शैली में चित्रित किया गया है। रामायण सच्चे अर्थों में परवर्ती महाकाव्यों को प्रेरणा देने वाला है। छन्दों का प्रवाह, सर्गों का चुस्त संगठन, प्रकृति का अत्यन्त जीवन्त रूप में उपस्थापन, पात्रों का मर्यादित विकास और मानवीय मनोभावों का उदात्तीकरण—जिस दृष्टि से देखिये, रामायण निपुण कवि की रचना है। वह अधिक यत्न से संस्कृत चरित्रों की वनस्थली है। भारतवर्ष का गृहस्थ—साधारण गृहस्थ—लक्ष्यीभूत श्रोता है। महाभारत और रामायण साधारण-से-साधारण भारतीय गृहस्थ को दूर की चीज नहीं जान पड़ते। अपने सुख-दुःख की, अपनी आशा-आकांक्षाओं की, अपने राग-विराग की अभिव्यक्ति तो उसे मिलती ही है, इनका वह निखरा हुआ रूप भी उसे प्राप्त होता है, जो उसके गृहस्थ जीवन का आदर्श है। इन दोनों महाग्रन्थों के प्रधान पात्र साधारण जनता में घूमते हैं, उनके सुख-दुःख के प्रत्यक्ष साक्षी हैं और उनमें से ही हैं। उनकी वीरता में एक विशिष्ट नैतिक आदर्श है। रावण भी वीर है, पराक्रमी है, परन्तु उसका वीर्य और पराक्रम पर-पीड़न में व्यक्त हुआ है, उसकी बहादुरी दूसरों की सम्पत्ति हड़पने में प्रकट हुई है, जबकि राम दोनों के रक्षक हैं, सबकी समृद्धि चाहने वाले हैं, समाज-विरोधी तत्त्वों के उन्मूलक हैं। महाभारत और रामायण में ही वीरत्व का आदर्श मनुष्यता का उन्नायक है, छीना-झपटी की बहादुरी का प्रतिशोधक है। दोनों का प्रधान स्वर है—अनीति का दमन, नीति का उन्नयन ; पशुता का विरोध और मनुष्यता का संवर्धन। यह आदर्श कृत्रिम और बाहर से चिपकाया

हुआ नहीं है, बल्कि जीवन के कठोर संघर्षों के भीतर से प्रस्फुटित हुआ है, अतएव सहज और गम्भीर है। कोई आश्चर्य नहीं कि आज तक ये मानवीय आदर्श हमारे प्राणों को आन्दोलित कर रहे हैं।

परवर्ती भारतीय साहित्य को इन दो ग्रन्थों ने कितना प्रभावित किया है, इसका अन्दाजा इसी से लगाया जा सकता है कि यदि समूचे भारतीय साहित्य का विश्लेषण किया जाय तो अधिकांश—शायद ९० प्रतिशत—रचनाएँ इन्हीं दोनों ग्रन्थों के आधार पर हुई हैं, और आज भी हो रही हैं।

मध्यकालीन संस्कृत साहित्य की विशेषताओं को समझने के लिए इस बात को भी स्मरण रखना चाहिए कि परवर्ती काल के काव्यों का केन्द्र-बिन्दु शहरी जीवन हो गया। इस समय तक भारतवर्ष नगरों और गाँवों में बंट गया था। दो विशिष्ट मनोवृत्तियां, दो विशिष्ट जीवन-दृष्टियां विकसित होने लगी थीं। नगर में रहने वाले समृद्ध नागरिकों के लिए कामशास्त्र, काव्यशास्त्र आदि अनेक प्रकार के ग्रन्थ लिखे गए, पर गांव के रहने वाले ग्राम्य लोगों के लिए स्मृति पुराण ही काफी समझे गए। परवर्ती काव्य का लक्ष्यीभूत श्रोता वह सहृदय है जिसे छन्दों और अलंकारों का अच्छा ज्ञान है, वात्स्यायन की बताई विधियों की पूरी जानकारी है, नागरिक जनोचित जीवन का ठीक-ठीक रूप मालूम है और रामायण तथा महाभारत के आदर्शों की बौद्धिक ग्राहकता है। साथ ही वह रुचि वाला व्यक्ति है। यद्यपि यह रुचि ईश्वरप्रदत्त वस्तु बताई गई है, पर उसे सुसंस्कृत करने में काव्यों और अलंकारग्रंथों का, वात्स्यायन और अन्य कामशास्त्र के आचार्यों की विवेचनाओं का और परम्परा-प्राप्त महान आदर्शों का विचित्र योग है। इस रुचि का सर्वोत्तम प्रकाश कालिदास की रचनाएं हैं। महान आदर्शों से अनुप्राणित नागरिक जीवन-विलास से इस मनोहर काव्य को खुराक मिली है। इसमें समृद्ध और विलासी भारत की उद्वेल प्राण-धारा ने कवि-कौशल से मर्यादित संयत रूप धारण किया है। यह नागर सभ्यता की सर्वोत्तम उपज है। परन्तु परवर्ती काव्यों में जीवन-धारा उतनी प्रबल नहीं रह सकी। आलंकारिक आचार्यों की काव्य विवेचना का प्रभाव व्यापक होता गया। हमारे आलंकारिक आचार्यों ने काव्य-कौशल का, उक्ति वैचित्र्य का और रस-परिपाक का बहुत सूक्ष्म विवेचन किया; पर कवि के व्यक्तित्व का, उसकी कल्पना-शक्ति का, उस कल्पना-शक्ति के उस रूप का, जो पाठकों के मन में अनुभूति जागृत करता है, कम विवेचन किया। इन शास्त्रों को

पढ़ने से रघुवंश और नैषधचरित के कवि-कौशल या उक्ति-वैचित्र्य की विशेषताओं को तो समझा जा सकता है, पर यह ठीक समझ में नहीं आता कि रघुवंश किस प्रकार नैषधचरित से भिन्न कांति के व्यक्तित्व से सम्पन्न काव्य हो जाता है ; कालिदास और श्रीहर्ष की अपनी व्यक्तिगत विशेषताएं क्या हैं ? हमारे आलंकारिकों ने अपूर्व धैर्य और अध्यवसाय से काव्य के तत्त्वों को समझने का एक सामान्य प्रतिमान तो तैयार कर दिया, पर कवि की विशेषताओं को समझने की मार्मिक दृष्टि की उतनी विवेचना नहीं की। काव्यों के व्याख्याताओं ने भी श्लोकों के उक्ति-वैचित्र्य, अलंकार-सौन्दर्य और रसोत्कर्ष को खण्ड भाव से समझाया है। सब मिलाकर यही बातें काव्यकर्त्ताओं को चालित करने लगी थीं। आचार्यों की निपुण विवेचना ने उस वस्तु को परिस्फुट करने की चेष्टा नहीं की, जिसे आजकल 'एस्थेटिक सेन्स' या सौन्दर्य भावना का नाम दिया गया है। कर्मफल-प्राप्ति की अवश्यम्भाविता ने संसार की विसदृशताओं को उपेक्षणीय समझने की दृष्टि का विकास किया। परवर्ती काल के महाकाव्य अधिकाधिक रूढ़ि समर्थक और उक्ति-वैचित्र्य को प्रश्रय देने वाली मनोवृत्ति के शिकार होने लगे। कविसमयों, रूढ़ उपमानों, आरोपित-कल्पित मूल्यों के विश्लेषण से स्पष्ट हो जाता है कि वे परवर्ती काव्य सामान्य जीवन की अपेक्षा रूढ़ परम्पराओं और घिसे-घिसाए कलात्मक आदर्शों से अधिक प्रेरणा ले रहे थे।

फिर भी संस्कृत का काव्य पाठक को आकृष्ट करता है। छन्दों की ऐसी परिमार्जित योजना, ध्वनियों का ऐसा स्पष्ट और ठोस चित्रण तथा साथ ही मानवीय आदर्शों का ऐसा सम्मिश्रण संसार के साहित्य में दुर्लभ है। कामसूत्र की प्रेरणा इन काव्यों को बराबर चालित करती रही, इस लिए उसमें शरीरिक आकर्षण का बड़ा जोर है। कोई प्रसंग ऐसा नहीं आता जहां कवि को इस शरीर आकर्षण को परिस्फुट करने का मौका न मिल जाता हो। वसन्त और वर्षा जैसी ऋतुएँ प्रेम की हूक को जगाया ही करती हैं। तपता ग्रीष्म भी इसको उकसा जाता है। और नहीं तो 'प्रजापालिका प्याऊ' के सेवा परायण कर्त्तव्य में नियुक्त सुन्दरी ही उसके आकर्षण को जगा देगी। हेमन्त की ठिठुरन में भी कवि हार मानने वाला नहीं। और कुछ नहीं तो सुभ्रवों की कन्दुक-क्रीड़ा के झणज्झणित मेखला से ही, वलयों और नूपुरों की वाचालता से ही यह कार्य हो सकता है। स्त्री सौन्दर्य का बहुत ही सुन्दर और आकर्षक चित्रण इन कवियों

ने किया है । मौका मिलने पर वे सुन्दरियों की चर्चा करने का प्रसंग नहीं छोड़ सकते । फूलों का वस्त्र धारण करने वाला कामदेव नामक देवता इस साहित्य में बहुत प्रमुख स्थान प्राप्त कर लेता है । आधुनिक समझे जाने वाले लोग बार-बार इस देवता के अनधिकार प्रवेश से बिदकते हैं, पर संस्कृत काव्य का प्रेमी इसको उतना नापसन्द नहीं कर सकता । संस्कृत के काव्य इन गुणों से बहुत ही मोहक और आकर्षक हुए हैं ।

परवर्ती काव्यों ने विभिन्न प्रकार की सामाजिक परिस्थितियों से अपनी खुराक संग्रह की है । इनमें अन्तर होना स्वाभाविक है । रामायण और महाभारत की जड़ें जितनी गहराई से सामान्य मानव जीवन में गई थीं उतनी गहराई से वे नहीं जा सकीं । इसीलिए वे उतनी दीर्घस्थायी भी नहीं हुईं और उतना प्राण रस भी नहीं संचित कर सकीं । किन्तु फिर भी उनमें एक अपने ढंग का आकर्षण है । भारवि और माघ की रचनाओं में बहुत उत्तम ढंग से विकसित जीवन्त मानव आदर्श पाठक को मुग्ध करते हैं । भारवि की अपूर्व अर्थगाम्भीर्यमयी रचना में वाक्पाटव के साथ-ही-साथ समृद्ध राज-व्यवस्था के लिए अत्यन्त आवश्यक कूटबुद्धि का कौशल भी अभिव्यक्त हुआ है । इन काव्यों में मनुष्य के महान आदर्शों की उपेक्षा नहीं हुई है और स्थान-स्थान पर उनका स्वर बहुत प्रबल हो गया है ।

परवर्ती महाकाव्यों में मानवीय आदर्शों को अधिक सावधानी से उभारा गया है । फिर भी उनमें भाषा और भाव को अलंकृत करने का पूरा-पूरा प्रयास है । संस्कृत काव्य का रसिक इसके विना मानवीय आदर्शों के चित्रण को कम ही पसन्द करता है । लेकिन जिस चीज को वह सबसे अधिक महत्त्वपूर्ण मानता है, वह रस है । रस के उपकारक होकर ही भाषा और भाव के अलंकरण धन्य होते हैं । उसके विरुद्ध जाने पर ये उतने आकर्षक नहीं होते ।

दूसरा व्याख्यान

महाकाव्य और अलंकृत प्रबंध

सन् ईस्वी के आरम्भ के समय निश्चित रूप से संस्कृत की काव्य-शैली निखर चुकी थी, काव्यरूप-सम्बन्धी रूढ़ियाँ बन चुकी थीं और कथानक में भी मोहनगुण और मादक प्रवृत्ति से आने वाले काव्यगत अभिप्राय प्रतिष्ठित हो चुके थे। आदि कवि की महत्त्वपूर्ण रचना के बाद जिन कवियों ने इस शैली को अधिकाधिक निखारने का प्रयत्न किया उनका पता हमें नहीं है। बाल्मीकि से कालिदास तक निश्चय ही अनेक कवियों ने इस क्षेत्र में कार्य किया होगा, परन्तु दुर्भाग्यवश वह कहानी सम्पूर्ण रूप से विस्मृत हो गई।

सौभाग्यवश बौद्ध कवि अश्वघोष के दो महाकाव्य—बुद्धचरित और सौन्दरानन्द प्राप्त हुए हैं। परवर्ती बौद्ध साहित्य में अश्वघोष का नाम बड़ी श्रद्धा और भक्ति के साथ लिया गया है और उनके नाम पर अनेक कथाएं गढ़ ली गई हैं। इन कहानियों के कारण अश्वघोष के समय के विषय में अनेक जल्पना-कल्पनाओं का अवकाश मिला है, परन्तु इधर प्रायः सभी पण्डितों ने उस चीनी परम्परा को विश्वास योग्य स्वीकार कर लिया है, जिसमें उनका सम्बन्ध महाराज कनिष्क से बताया जाता है। इस प्रकार अश्वघोष का समय सन् ईस्वी की प्रथम शताब्दी में पड़ता है।

अश्वघोष का बुद्धचरित निश्चित रूप से सिद्ध करता है कि उनके पूर्ववर्ती अनेक महान कवि मनुष्य के सूक्ष्म मनोरागों और जटिल-से-जटिल मानसिक ग्रन्थियों को प्रकट करने में पूर्ण रूप से समर्थ हो गए थे। बुद्धचरित की केवल खण्डित प्रति ही प्राप्त हुई है। द्वितीय से त्रयोदश सर्ग तक तो पूरा मिला है, किन्तु प्रथम और चतुर्दश के कुछ अंशमात्र ही प्राप्त हुए हैं। ई० बी० कावेल ने सन् १८९३ ई० में इसे प्रथम बार आक्सफोर्ड से प्रकाशित कराया था। चीनी और तिब्बती अनुवादों के रूप में पूरी पुस्तक सुरक्षित रह गई है। संस्कृत में प्राप्त अंश में बुद्ध के मार-विजय और बोधि-लाभ तक की कहानी आ गई है।

अश्वघोष की भाषा अत्यन्त सहज, प्रवाहमयी और मंजी हुई है। उन दिनों

बौद्धों में जिस प्रकार की विचित्र संस्कृत भाषा प्रचलित थी, वह अश्वघोष को स्वीकृत नहीं थी। पण्डितों ने उनकी भाषा में अपाणिनीय प्रयोग खोजे अवश्य हैं, पर सब मिलाकर यह भाषा कालिदास के निकट तक पहुंचती है। कम कवियों ने ऐसी प्रसाद गुणयुक्त भाषा लिखी होगी। कभी भी उन्होंने ब्राह्मण-परम्परा का उल्लेख हल्के ढंग से नहीं किया है। इन सब बातों को देखकर विद्वानों ने अनुभव किया है कि अश्वघोष जन्मत: ब्राह्मण शास्त्रों का निष्ठापूर्वक अध्ययन करने के बाद ही बौद्ध धर्म में दीक्षित हुए थे। बुद्ध के प्रति उनकी अपार श्रद्धा थी पर अपने काव्य की कथावस्तु को उन्होंने चमत्कारवादी पौराणिक भक्त की दृष्टि से नहीं संभाला, बल्कि सन्तुलित विचार के निपुण कवि की दृष्टि से सजाया है।

काव्य के लिए जिन वस्तुओं की अपेक्षा होती है, उनका उन्होंने जमकर उल्लेख किया है। युवक रामकुमार सर्वार्थसिद्ध का नगर-प्रवेश वाला दृश्य रघुवंश के सातवें सर्ग की याद दिलाता है। पौर युवतियों की दर्शनोत्कण्ठा को कवि ने बहुत सजीव बनाया है। कुमार को देखने के लिए अत्यन्त उत्कण्ठिता एक बालिका खिड़की के छज्जे को पकड़कर इस प्रकार लटक गई, मानो तोरण शालभंजिका हो। जो लोग द्वितीय शताब्दी का तोरणशाला-भंजिकाओं का थोड़ा परिचय रखते हैं वे इस अनूठी उपमा की सरसता समझ सकते हैं। यद्यपि पूरा काव्य बुद्ध के वैराग्य और संसार त्याग के आदर्श से चालित है, फिर भी वह मनोरागों को अंटकाने वाले मोहक चित्रों से रहित नहीं है। कुमार के महाभिनिष्क्रमण के दिन अश्वघोष ने नारी रूप के आकर्षक और विकर्षक, दोनों पहलुओं का जो चित्र खींचा है, वह रोमांचकारी है। मारविजय के अवसर का बहाना लेकर कवि ने युद्ध का एक दृश्य उपस्थित कर दिया है, जिससे सूचित होता है कि उन दिनों काव्य के वर्णनीय विषयों की रूढ़ि स्थिर हो चुकी थी और अश्वघोष, इन सबका अपने काव्य में अन्तर्भाव करना चाहते थे।

यद्यपि अश्वघोष महायान के प्रवर्तकों में स्वीकार किये गए हैं और चीनी तथा तिब्बती अनुवाद में उनके नाम पर चलने वाले अनेक धर्मग्रन्थों का सन्धान प्राप्त हुआ है, फिर भी उनका 'बुद्ध-चरित' केवल धर्मकथा नहीं है और न केवल श्रद्धेय की भक्ति का गुणगान मात्र है। वह निपुण कवि द्वारा परिकल्पित काव्य है—सरस, प्रवाहमय और उदात्त गुणों से युक्त। मनुष्य के सूक्ष्म और जटिल मनोरागों को उन्होंने निर्वेद ग्रस्त वैरागी की दृष्टि से नहीं, बल्कि

संवेदनशील कवि की आँखों से देखा है। श्रद्धा और भक्ति इस काव्य में परिपूर्ण मात्रा में विद्यमान हैं, जो अपने रचयिता की धार्मिक वृत्ति का प्रमाण हैं।

अश्वघोष का दूसरा काव्य सौन्दरानन्द पूरा ही प्राप्त हुआ है। स्व० महामहोपाध्याय पं० हरप्रसाद शास्त्री ने इसे सन् १९१० ई० में बिब्लियोथि इण्डिका ग्रन्थमाला में पहले-पहल प्रकाशित कराया था। सुप्रसिद्ध विद्वान जान्स्टन ने कभी कहा था कि यद्यपि बुद्धचरित विषयवस्तु और कवि की द्रष्टव्य प्रीति की दृष्टि से बहुत ही समृद्ध है, फिर भी सौन्दरानन्द की अपेक्षा वह कच्चे हाथों की रचना है। सौन्दरानन्द अधिक प्रौढ़ हाथों से लिखा गया है, इसीलिए उसमें भाषा और शैली अधिक प्रौढ़ और मार्जित है। तब से यह साधारणतः स्वीकार ही कर लिया गया है कि सौन्दरानन्द परवर्ती रचना है, यद्यपि कोई नहीं मानता कि यह बुद्धचरित की अपेक्षा अधिक समंजस और सरस रचना है। सौन्दरानन्द में वर्ण्य-विषय बहुत छोटा है। नन्द, जिन्हें रूपवान होने के कारण 'सुन्दर' कहा जाता था, संसार-त्याग करना नहीं चाहते थे, भगवान बुद्ध के प्रभाव से वे प्रव्रजित हुए। इस छोटे से कथानक को, जो मूल रूप में 'महाबग्ग' या 'निदान कथा' से लिया गया होगा, कवि ने विस्तार दिया है। परिणामस्वरूप इसमें कथा से नाममात्र को सम्बद्ध विषयों का विस्तार किया गया है और 'बुद्धचरित' के बहुमुखी विषय की तुलना में इसमें भरती की बातें अधिक आई हैं। इस काव्य में अश्वघोष का धर्म-प्रचारक रूप प्रधान हो गया है।

अश्वघोष के काव्यों में दो पक्ष बहुत स्पष्ट रूप से उभरे हैं। संसार में जो कुछ आकर्षक और मोहक है, उसका वे सोल्लास वर्णन करते हैं किन्तु फिर भी वे उससे अभिभूत नहीं होते, उसे क्षणभंगुर और अस्थिर समझते हैं। दोनों ही भाव उनके अपने हैं। दोनों के संघर्ष ने उनकी भाषा में तीव्र प्रवाह ला दिया है। कालिदास के काव्यों में भी दोनों तत्त्व हैं, किन्तु दोनों को वे उचित महिमा से मण्डित कर सके हैं। अश्वघोष जीवन के आकर्षक पक्षों को आवश्यक महिमा नहीं दे सके हैं। मोहन रूप के अन्तराल में भी कोई महिमा है, इसे वह स्वीकार करते नहीं जान पड़ते। इसीलिए कालिदास की भाँति अश्वघोष की सौन्दर्य-दृष्टि आकर्षक नहीं हो सकी, परन्तु वक्तव्य की ताज़गी, विषय के प्रति स्वकीयदृष्टिता, सामान्य मनुष्यत्व को प्रभावित करने योग्य मनोरागों की योजना और उदात्त भावनाओं के उद्बोधन की दृष्टि से अश्वघोष बहुत महान कवि हैं।

कालिदास (सन् ईस्वी की चौथी-पाँचवीं शताब्दी) का कुमारसम्भव भी 'मार-विजय' या काम को परास्त करने का काव्य है। बुद्धचरित में भी वैराग्य ने मार पर विजय प्राप्त की है, परन्तु कालिदास का काव्य बुद्धचरित की अपेक्षा अधिक आकर्षक बना है। जिस पर्वतकन्या (पार्वती) के प्रेम-व्यापार की इसमें योजना की गई है, उसका जैसा विकास उचित था वैसा ही इस ग्रन्थ में हुआ है। वैसे तो पार्वती शकुन्तला की भाँति ही निसर्ग कन्या है, परन्तु उससे वह भिन्न और विशिष्ट भी है। वह जगन्माता का गौरव लेकर अवतीर्ण हुई। वह हिमालय के स्वच्छ हिमराशि में खिले हुए पुष्प की भाँति ही कोमल और मनोहर है। उसकी अन्तरात्मा हिमराशि की भांति ही स्वच्छ है, परन्तु उसका चरित्र हिमालय की कठोरता और गुरुता का उपयुक्त अधिकारी है। शिव के चित्त में पार्वती के अपूर्व सौन्दर्य ने जो क्षोभ उत्पन्न किया, वह प्रेम के अपदेवता—काम (मार) का अनधिकार हस्तक्षेप था। इस अपदेवता के प्रभाव से अकाल-बसन्त का प्रादुर्भाव हुआ था। अशोक कन्धे पर से फूट पड़ा था, वकुल अकारण व्याकुल हो उठा था, सम्पूर्ण वनस्थली असमय की मादकता से मत्त हो उठी थी। इसी अकाल पुष्पोद्गम की मनोहर, किन्तु अशुभ, पृष्ठभूमि में संचारिणी पल्लविनी लता की भाँति पार्वती शिव के निकट पहुँचीं। अवसर देखकर कामदेव ने बाण मारा और शिव के नेत्र पार्वती के बिम्बफलाधरोष्ठ मुख पर व्यापारित हुए। बहुत शीघ्र ही शिव को इस चांचल्य का कारण मालूम हो गया और जब तक देवताओं के मुख से त्राहि-त्राहि की वाणी निकले तब तक शिव की नयनाग्नि से कामदेव भस्म हो गया। अकाल बसन्त का विराट आयोजन मुहूर्त भर में भहराकर गिर गया। कवि निर्लिप्त, निर्मोह और अनासक्त भाव से पार्वती की तपस्या के आयोजन में जुट गया। जो प्रेम शारीरिक आकर्षण से उत्पन्न हुआ था, वह क्षणभंगुर था, उसमें अशुभ भविष्य का बीज छिपा हुआ था—शकुन्तला के शारीरिक आकर्षणजन्य प्रेम की भी यही कहानी है—परन्तु जो प्रेम तपस्या से उत्पन्न होता है, वह स्थायी होता है और शुभ भविष्य का बीज लेकर आता है। शिव-पार्वती के प्रेम में कालिदास ने इसी महान सिद्धान्त का प्रतिपादन किया है, परन्तु सर्वत्र उनकी रचना सुषमित (वेल बैलेन्स्ड) है। कुमार या काम की पराजय नारी के आन्तरिक प्रेम का पराभव नहीं है, बल्कि उसकी महिमा को और भी उज्ज्वल, और भी सरस तथा और भी महान बनाने वाला है। कुमारसम्भव में कालिदास ने काम पर जो शिव की विजय दिखाई है, वह

प्रेम के निखरने, उज्ज्वल होने और महिमा-मण्डित बनने का साधन-मात्र है।

बुद्धचरित से कुमारसम्भव तक की यात्रा किस मार्ग से हुई है, इस बात का पता लगाना बड़ा कठिन है। यह विवाद अब भी चल रहा है कि अश्वघोष सचमुच ही कालिदास के पूर्ववर्ती है या नहीं, परन्तु इतना निश्चित है कि कालिदास के युग में काव्य-शैली पूर्ण रूप से निखर चुकी थी और काव्यगत रूढ़ियों का विकास हो चुका था। ऋतुसंहार में इसका पूरा संकेत मिलता है, यद्यपि ऐसे भी विद्वान हैं जो ऋतुसंहार को कालिदास की रचना मानने में हिचकते हैं। केवल विलास-सामग्रियों की सूची प्रस्तुत करना कालिदास का काम नहीं था। मल्लिनाथ ने ऋतुसंहार पर टीका लिखी ही नहीं, फिर कालिदास के सभी काव्यों और नाटकों में जिस प्रकार का उद्देश्यगत गाम्भीर्य और विचारगत सौषम्य का परिचय मिलता है, वह इस छोटी-सी पुस्तिका में है ही नहीं। इसीलिए इन पण्डितों का कहना है कि इसे कालिदास की रचना नहीं मानना चाहिए। परन्तु इसकी शैली और पद-विन्यास में कालिदास के ध्वनि-सौन्दर्य और संगीत-गुण को देखकर सभी विद्वान इसे कालिदास की ही रचना मानते हैं। जो हो, ऋतुसंहार कालिदास की रचना न भी हो तो भी वह प्राचीन अवश्य है। छठी-सातवीं शताब्दी के कवियों की रचना पर इसके श्लोकों का प्रभाव खोजा जा चुका है। यह ग्रन्थ काव्य-शैली की विकास की कहानी अवश्य सुना सकता है। मुझे ऋतुसंहार को कालिदास की रचना न मानने का कोई प्रबल हेतु नहीं दिखाई देता। कुमारसम्भव के प्रथम आठ सर्गों की प्रामाणिकता के बारे में तो कभी सन्देह नहीं किया गया, परन्तु अन्तिम सर्गों को निश्चित रूप से अप्रामाणिक मान लिया गया है। उनमें न तो कालिदास का भाव-गाम्भीर्य है और न उनकी सुषमित पैनी दृष्टि ही है, जो भोग में वैराग्य की महिमा देख सकती है। फिर भी कुमारसम्भव नाम यह संकेत करता है कि इस ग्रन्थ में कुमार का जन्म हो जाना चाहिए था। आठ सर्ग तक ऐसा नहीं होता, अतः इस काव्य को अधूरा ही समझना चाहिए। परंतु इन आठ सर्गों में काव्य का सुगठित और परिपक्व रूप प्राप्त हो जाता है। यहाँ कवि ने तपस्या की आँच से परिशोधित प्रेम को पवित्र रूप में उपस्थित करने के जिस उद्देश्य की सिद्धि चाही थी, वह निश्चित रूप से प्राप्त हुई है। आठवें सर्ग में यह एकता अवश्य खण्डित हुई है। भारतीय-काव्य-शास्त्रियों ने कालिदास के इस साहसिक वर्णन को कभी क्षमा के योग्य नहीं समझा।

परन्तु कालिदास को जीवन के विविध अंगों को देखने का अवसर रघुवंश में मिला है, इसलिए कई समालोचकों ने इसे कालिदास का सर्वश्रेष्ठ काव्य माना है। आदि से अन्त तक इसमें निपुण कवि का कौशल झलकता है। दिलीप और सुदक्षिणा के तपोमय जीवन, अविचलित त्याग और धैर्य के बीच से कार्य आरम्भ होता है और धीरे-धीरे महान रघुवंशी राजाओं के वीरत्व, वदान्यता, त्याग और तपस्या की कहानी उद्घाटित होती है। इन्दुमती का स्वयंवर मोहक और अभिराम चित्रों के अलबम के समान पाठक को अभिभूत करता है और इसकी पृष्ठभूमि में इन्दुमती के वियोग का करुण दृष्य बहुत ही द्रावक होकर प्रकट हुआ है। आलोचकों ने कुमारसम्भव के रति-विलाप के साथ रघुवंश के अज-विलाप की तुलना की है, किन्तु दोनों में केवल परिस्थिति का ही अन्तर नहीं है, मनोदशा का भी अन्तर है। रति इस बात को जानती है कि उसका पति अपराधी था और दण्ड देने वाले भोलानाथ उसकी करुण दशा से अवश्य पिघलेंगे और वह अपने पति को फिर से प्राप्त करेगी। परन्तु इन्दुमती का अवसान देवता के कोप से नहीं, बल्कि स्वर्ग से गिरे फूल से हुआ है। इसमें अपराध की आशंका भी नहीं है और प्रतिविधान की आशा भी नहीं है। कालिदास ने मानो करुण रस के उस पहलू को ही ध्यान में रखकर अज विलाप की रचना की है, जो कुमारसम्भव में कहने से रह गई थी। अज का विलाप प्रिया-वियोग से दुखी शाश्वत मानव की करुण वेदना के रूप में ही प्रकट हुआ है। कालिदास ने विरह को कई रूपों में चित्रित किया है—मेघदूत के विरही यक्ष का अवधि-प्राप्त व्याकुल विरह, शकुन्तला का निरवधि विक्षुब्ध वियोग, रति का आशा और आशंका से उद्वेल करुण विरह और अज का अचानक, अकारण-समापन्न निराश वियोग—सर्वत्र कालिदास की लेखनी ने अद्भुत नैपुण्य का परिचय दिया है। प्रेम के केन्द्रगत रहस्य को जो कवि नहीं जानता वह किसी प्रकार इतनी विषम परिस्थितियों को नहीं सँभाल सकता। सचमुच ही कालिदास अद्वितीय कवि हैं, परन्तु रघुवंश का सबसे महत्त्वपूर्ण चरित्र राम ही है।

बाल्मीकि जैसे महान कवि ने जिस चरित्र को इतना महिमाशाली बनाया है, उसे फिर से लेकर नई तेजस्विता और गरिमा देना मामूली कवि का काम नहीं है। कालिदास केवल निपुण आयोजना के ही कवि नहीं हैं, केवल कथा के मर्मस्थल को पहचानने वाले कवि ही नहीं हैं, केवल विचारसाम्य की परख रखने वाले पारखी पण्डित ही नहीं हैं, बल्कि वे अपना क्षेत्र भी पहचानते हैं। वह यह

जानते हैं कि बाल्मीकि जैसे कवि की छुई चीज को न छूना ही सबसे उत्तम है। बारहवें सर्ग में उन्होंने बाल्मीकि की कहानी को उन्हीं के छन्दों में दुहराया है। एक-पर-एक चित्र सामने आते जाते हैं, नवीन चित्रों की योजना पाठक को सदा उलझाये रहती है और रावण-विजय तक की सारी कहानी वह अनायास सुन जाता है। इसके बाद कालिदास अपने प्रिय क्षेत्र में कहानी को उठा ले आते हैं। विमान से राम-सीता लौट रहे हैं। राम, सीता को एक-एक स्थान दिखाते जाते हैं। विमान की प्रचण्ड गति के साथ-ही-साथ कहानी भी ताल देती चल रही है। यहाँ केवल उन मार्मिक स्थलों को दिखाने की चेष्टा है जो राम के पौरुष, प्रेम, वीर्य और अकुतोभय चरित्र को निखारते जाते हैं। सीता साँस रोककर सुन रही हैं। विमान तेजी से दौड़ रहा है। रुकने की फुरसत कहाँ है। रघुवंश का तेरहवाँ सर्ग कालिदास की अद्भुत निपुणता का परिचय देता है। राम के गम्भीर प्रेम की ऐसी मर्मस्पर्शी कहानी सुनने के बाद ही परवर्ती सर्ग में सीता का निर्वासन होता है। यह एक अत्यन्त विषम परिस्थिति है। सीता का सम्पूर्ण नारीत्व यहाँ पादाहत सर्प की भाँति फुफकार उठता है, किन्तु सीता अन्त तक सीता ही हैं। कालिदास ने अत्यन्त करुण और सुकुमार घटना को बड़ी सावधानी से सँभाला है। सीता का जो तेजस्वी रूप पन्द्रहवें सर्ग में प्रकट हुआ है, वह सब प्रकार से अपनी उपमा आप ही है। नारीत्व की महिमा को कालिदास ने कभी भी खण्डित नहीं होने दिया है। ऊपर-ऊपर से रघुवंश एक नहीं, अनेक कथानकों का समन्वय है। परवर्ती कवियों में किसी को भी इस प्रकार के असंघटित कथानक समूह को महाकाव्य का विधान बनाने का साहस नहीं हुआ, परन्तु फिर भी कालिदास के अद्भुत कौशल से ये कथानक एक-दूसरे से ऐसे मिले हुए हैं कि उनमें एक प्रवाह खोजा जा सकता है। भावना और विचार, प्रेम और कर्तव्य, गाम्भीर्य और माधुर्य तथा भोग और वैराग्य का ऐसा सुसंस्कृत काव्य संस्कृत में फिर नहीं लिखा गया। रघुवंश संस्कृत काव्य-परम्परा को अपने सर्वोच्च बिन्दु पर ले जाकर विरत होता है। यहाँ से संस्कृत की काव्य-परम्परा ढलती वयस का शिकार हो जाती है।

कालिदास की श्रेष्ठता भारतीय साहित्य में सर्वमान्य है। न तो आधुनिक ढंग से देखने के अभ्यस्त पश्चिमी समालोचकों ने ही इस विषय में सन्देह किया है, न पुराने ढंग से विचार करने वाले भारतीय आचार्यों ने ही। इसका कारण कालिदास की अद्भुत सामंजस्य और सौषम्य-विधायिनी दृष्टि है। उनके काव्यों में

विद्वत्ता की बहुलता उतराकर नहीं बहती। न तो उन्होंने काव्य-रूपों की उपेक्षा होने दी है और न वक्तव्य वस्तु को म्लान होने दिया है। परवर्ती संस्कृत काव्यों में उत्तरोत्तर इस सौषम्य का ह्रास होता गया है। साधारणतः संस्कृत कवियों की दृष्टि वर्णन-प्रधान हो गई है। वे कथानक के उस पहलू को लेते हैं जिससे उनके लिए चन्द्रोदय का, बन विहार का, जलकेलि का, बसन्त शोभा का, बधू जन की सुन्दरता का या केलि-कलाप का बहाना मिल जाये। भारवि, माघ और श्रीहर्ष परवर्ती काल के प्रसिद्ध काव्य रचयिता माने जाते हैं। तीनों में वैषम्य आ गया है और उत्तरोत्तर वह बढ़ता ही गया है।

माघ और भारवि तक संस्कृत-काव्य में अर्थ-गाम्भीर्य का प्रयत्न बना रहा, परन्तु बाद के कवियों में क्रमशः व्याकरण और अलंकार शास्त्र का ज्ञान प्रधान होता गया; काव्य रूप मुख्य बनता गया, वक्तव्य वस्तु गौण, बाह्य रूप अधिक आकर्षक बनता गया, आन्तरिक महिमा कम। पुराने कवियों में सौषम्य-रक्षा की चिन्ता रहती थी, परवर्ती कवियों में वह उत्तरोत्तर कम होती गई। कालिदास के ईषत्परवर्ती कवि भारवि (छठी शताब्दी) के प्रसिद्ध काव्य किरातार्जुनीय की कथावस्तु महाभारत से ली गई है। इस काव्य में जहाँ राजनीतिक शिष्टाचार और नीति-पाटव का बड़ा ही हृदयग्राही चित्रण है, वहाँ पात्रों का विशिष्ट व्यक्तित्व भी निखर उठता है। द्रौपदी, भीम और अर्जुन आदि के व्यक्ति उनके गम्भीर और अर्थपूर्ण उक्ति-प्रत्युक्तियों के भीतर से उज्ज्वल होकर प्रकट हुए हैं। यद्यपि भारवि व्याकरण के दुरूह प्रयोगों के लिए बदनाम हैं, फिर भी इसमें कोई सन्देह नहीं कि उनकी उक्ति-प्रत्युक्तियों में अत्यन्त विकसित तर्कपूर्ण शैली और स्फुट विचार-कौशल की गरिमा है। कहा जाता है कि उन्होंने कथा का झुकाव पहचानने में कुशलता का परिचय नहीं दिया और कहीं-कहीं अलंकार प्रदर्शन के चक्कर में पड़कर अपने वक्तव्य विषय की गम्भीरता के साथ ताल मिलाकर भी नहीं चल पाए। उनके भक्त समालोचक भी दबी ज़बान में स्वीकार करते हैं कि ऐसे अवसर पर उन्होंने सुषमित (वेल बैलेन्स्ड) रुचि का परिचय नहीं दिया। यहाँ तक कि वे पन्द्रहवें सर्ग में, जहाँ युद्ध का प्रसंग है वहाँ भी, वह इस सौषम्य की रक्षा नहीं कर सके हैं। रघुवंश और कुमारसम्भव में कविवर कालिदास भी प्रिय युगलों के केलि विहार के प्रसंग में सौषम्य की रक्षा नहीं कर सके हैं। भारवि और माघ ने इस विचलित भारसाम्य को और भी शिथिल हाथों से पकड़ा है। संस्कृत-काव्य में उत्तरोत्तर यह बात विषमित रुचि का विकृत प्रदर्शन

बनती गई है।

माघ के विषय में प्रसिद्ध है कि उन्होंने भारवि के काव्य को शिकस्त देने के उद्देश्य से ही 'शिशुपाल वध' लिखा था। परन्तु जहाँ माघ में पद-लालित्य और सौन्दर्य का अधिक ध्यान रखा गया है, वहाँ सुकुमार कथा-तन्तु को आश्रय करके लम्बे और बोझिल वर्णनों, अलंकार-पटुता के व्यापक प्रदर्शनों और विलास-लीला के अनावश्यक अतिरेकों ने उनको भारवि की अपेक्षा कहीं अधिक विषमित कर दिया है। बहुत दिनों से भारतीय पण्डितों ने कालिदास की उपमा, भारवि के अर्थगौरव और नैषध के पद-लालित्य की सराहना करते समय माघ में तीनों गुणों की चर्चा की है। आधुनिक शैली के आलोचक माघ के इस वैशिष्ट्य को स्वीकार नहीं करते, परन्तु उनके बिदकने का मुख्य कारण माघ में इन गुणों का अभाव नहीं है, बल्कि अलंकार-प्रदर्शन की विषमित या (अन बैलेंस्ड) रुचि और वर्णनात्मक अतिरेकों की अनावश्यक योजना है। परन्तु ये बातें भारतीय काव्य-शास्त्रियों की दृष्टि में दोष नहीं है और जब कभी किसी भारतीय कवि के उत्कर्ष-अपकर्ष का विचार किया जाना चाहिए तभी इन बातों को आवश्यक दोष मानकर आगे बढ़ना चाहिए। यदि आलोचक पहले किसी पूर्वाग्रह का शिकार न हो और उपर्युक्त विशेषताओं को व्यक्तिगत दोष न मानकर, उसे काल की विशेषता मानकर उपेक्षणीय समझ लें तो माघ में सचमुच ही पद-लालित्य और अर्थ-गाम्भीर्य मिलेगा।

सन् ईस्वी की छठी शताब्दी में भट्टि नामक कवि ने अपना प्रसिद्ध काव्य (रावणवध) लिखा, जो उनके नाम पर 'भट्टि-काव्य' नाम से भी अधिक प्रसिद्ध है। यह काव्य व्याकरण और अलंकार के प्रयोग सिखाने के उद्देश्य से लिखा गया था, इसीलिए इसमें एक ओर तो विद्यार्थियों का ज्ञान-वर्धन प्रमुख है और दूसरी ओर विद्वानों का मनोविनोद। इसमें कवि की विद्वत्ता उसकी अनुभूतियों को दबा देता है। सदा से यह ग्रन्थ कुछ सीखने-सिखाने की दृष्टि से ही आदर पाता रहा है, परन्तु फिर भी इस काव्य में कुछ मोहक गुण अवश्य है। दक्षिण की भाषाओं को तो इस काव्य ने बहुत प्रभावित किया। भट्टि के थोड़े समय बाद कुमारदास नाम के एक कवि हुए, जिन्होंने काव्य-मीमांसा के प्रसिद्ध आचार्य राजशेखर जैसी प्रशंसा प्राप्त की है। उन्होंने 'जानकी हरण' नाम का काव्य लिखा था, जो मूल रूप में पहले उपलब्ध नहीं था, पर सिंहली में इसका शब्द-प्रति-शब्द रूपान्तर उपलब्ध था। अब सौभाग्यवश यह काव्य मूल रूप में

मिल गया है। काव्य सचमुच ही उत्तम बताया जाता है और कालिदास की सुषमित रुचि का उत्तराधिकारी भी बताया जाता है।

आठवीं-नवीं शताब्दी के बाद से समसामयिक राजाओं के नाम पर काव्य लिखने की प्रथा का आरम्भ होता है। इन्हें संस्कृत के ऐतिहासिक काव्य कहा गया है, परन्तु इनमें ऐतिहासिकता नाम मात्र को ही होती है। परवर्ती काव्य रचयिताओं की भाँति ये कवि भी कथानक-सूत्र को बहाना बनाकर काव्य में रूढ़ बने विषयों का वर्णन कर देते हैं। इनकी एक विशेषता यह है कि इनमें सम्भावना पक्ष पर अधिक ज़ोर दिया गया है, अर्थात् एक राजा के लिए जो कुछ सम्भव है उसे समसामयिक आश्रयदाता पर घटाया गया है। राजा युद्ध करता है और देश जीतता है तो सारे संसार के जीतने की भी सम्भावना है। कवि अपने चरितनायक को समग्र विश्व का विजेता बनाने में नहीं हिचकेगा। राजा एकाधिक विवाह करते हैं वे सौ भी तो कर सकते हैं। कवि चरितनायक के अनेकानेक विवाहों और केलि-कलापों के बढ़ाने में नहीं हिचकेगा। सम्भावना पक्ष पर जोर देने के कारण इन काव्यों की ऐतिहासिकता म्लान हो गई है। फिर वास्तविक जीवन में कुछ ऐसे प्रसंग भी आते हैं, जहाँ व्यक्ति समाज की क्रूर नियम-निष्ठा पर बलि हो जाता है, एक ही साथ आकर्षक और विकर्षक मनोभावों के संघर्ष में पंगु हो जाता है। वह अनमिल घटनाओं के आघात-प्रत्याघात से हास्यास्पद हो जाता है, जीवन की विषम परिस्थितियों से लाचार हो उठता है। किन्तु संस्कृत का कवि ऐतिहासिक चरित्रों के साथ भी कोई ऐसी बात नहीं आने देना चाहता। इस प्रकार न तो वह इतिहास के साथ न्याय कर पाता है, न काव्य के साथ। ऐतिहासिकता में जो वास्तव की मोहकता है उसे वह नहीं ले जा सकता और जो परम्परा प्रथित वीर-चरित के साथ एक स्वाभाविक श्रद्धा का भाव बना रहता है, जो चरित्र को सब ओर से महिमामण्डित बनाए रहता है, वह भी नहीं ला सकता। इस प्रकार संस्कृत के ऐतिहासिक कहे जाने वाले काव्य इतिहास का महत्त्व भी खो देते हैं और काव्य की गरिमा से भी वंचित रह जाते हैं। वे इतिहास के शोधकों को जल्पना-कल्पना करने की छूट दे सकते हैं, सहृदय को प्रसन्न नहीं कर सकते। कोई भी ऐसा काव्य लोकप्रिय नहीं बन सका।

संस्कृत का अन्तिम महत्त्वपूर्ण काव्य हर्ष का नैषधचरित है। इस ग्रन्थ में कवि की कल्पना का अद्भुत चमत्कार है। अपने युग के समस्त गुण-दोषों का यह उत्तम निर्देशन है। मज़मून बाँधने में नैषधचरित का कवि कमाल की

होशियारी का परिचय देता है, परन्तु इसमें भी वही सौषम्य से विचलित रुचि स्पष्ट हो उठती है। इस काव्य ने मध्ययुग के आलोचकों को बहुत अधिक आकर्षित किया था। टीकाकारों ने इसके एक-एक श्लोक के अनेक-अनेक अर्थ निकाले हैं, परन्तु आधुनिक ढंग के आलोचकों को यह काव्य उतना प्रिय नहीं हुआ।

सन् ईस्वी के आसपास से काव्य-रूढ़ियों ने निश्चित रूप धारण किया था। उस समय तक भारतीय समाज में विश्व के सामंजस्य विधान में आस्था उत्पन्न करने वाले तत्त्ववाद—कर्मफल की प्राप्ति और पुनर्जन्म—प्रतिष्ठित हो चुके थे। जो कुछ हो रहा है उसका उचित कारण है—जिस कार्य में असामंजस्य है, वह अवश्य भविष्य में करने वाले को दण्ड देने का साधन बनेगा। इस विचार ने भारतीय साहित्य में सामंजस्यवादी दृष्टिकोण की प्रतिष्ठा की है। समाज की विषमताओं या अनमिल परिस्थितियों को कभी विद्रोही की दृष्टि से देखा नहीं गया। यह मान लिया गया कि काव्य या नाटक को दुःखान्त नहीं होना चाहिए। असन्तोष और विद्रोह के अभाव में कवि की बुद्धि अधिकाधिक सूक्तियों और चमत्कारों में उलझती गई है। मध्यकाल की कविता में उक्त चमत्कारों के साथ ही जीवन के प्रति असन्तुलित और सौषम्यहीन दृष्टि प्रतिष्ठित हो गई थी। कालिदास तक के काव्य में जो जीवनी शक्ति थी, वह क्रमशः क्षीण होती गई।

संस्कृत कवि में एक बहुत बड़ी विशेषता यह है कि वह जीवन की गूढ़तर कही जाने वाली समस्याओं से एकदम निश्चिन्त रहकर सौन्दर्य-सृष्टि करता है। वह कथानक के पहचानने में अतिरेक कर सकता है, वह विशेष प्रसंगों को रुचि के साथ वर्णन करने का लोभ नहीं संवरण कर सकता। परन्तु इन सब बातों के होते हुए भी वह सामाजिक मंगलेच्छा को नहीं भूलता। संस्कृत का कवि सब करेगा, पर सामाजिक मंगल की चिन्ता नहीं छोड़ेगा।

कई हज़ार वर्षों में फैले हुए साहित्य में बहुत प्रकार की और बहुत कोटि की रचनाओं का होना स्वाभाविक है। भारतीय परम्परा कच्चे और अपरिपुष्ट काव्यों को यत्नपूर्वक सँभालकर रखने के पक्ष में नहीं थी। उसने उतने को ही बचाया है, जितना उसे उत्तम जँचा। निःसन्देह संसार की अन्यान्य पुरानी भाषाओं में इस कोटि का साहित्य दुर्लभ है।

इस काल के साहित्य का चरम लक्ष्य खण्ड-सत्य कभी भी नहीं रहा है। बाल्मीकि या व्यास या कालिदास मनुष्य की महिमा के प्रचारक थे, उसकी

दुर्बलता के नहीं और न उस सहजात पशुसुलभ मनोवृत्ति के, जो थोड़ी सी उत्तेजना पाते ही झनझना उठती है। इस मध्यकालीन भारतीय साहित्य ने 'जीवशास्त्रीय' समझी जाने वाली उस लालसा को प्राधान्य नहीं दिया, जो समस्त जीवों की स्थिति के प्रयोजन की पूर्ति करती है। इस लालसा से अतिरिक्त प्रयोजनातीत, सत्य को ही उन्होंने मनुष्य का अपना 'सत्य' समझा था। प्रेम, संयम और तप से उत्पन्न होता है, भक्ति, साधना से प्राप्त होती है, श्रद्धा के लिए अभ्यास और निष्ठा की जरूरत होती है, ये पशुसुलभ आदिम वृत्तियों की उपज नहीं हैं। बाल्मीकि को जब छन्द-सरस्वती का साक्षात्कार हुआ तो उन्हें सबसे बड़ी चिन्ता यह हुई कि किस प्रकार इसमें महान चरित की अवतारणा की जाय—ऐसा महान चरित्र, जो विपत्ति में म्लान न हो, सम्पत्ति में उतरा न उठे, विजय-दर्प के समय क्षमा करना न भूले, शक्ति पाने पर सदय होने में न चूके और जीवन के उपरले स्तर की सफलताओं से अभिभूत होकर जीवन के गम्भीर तल में बहने वाली चरितार्थता की धारा को न भूल जाय। कालिदास ने मदन-वैभव और अकाल वसन्त की समस्त आकर्षक मोहकता को वैराग्य के एक भ्रूभंग में धूलिसात् करा दिया और फिर तपस्या की आँच में तपाकर प्रेम के कुन्दन को चमकाया। सीता, पार्वती और राधिका भारतीय कवि की आदर्श कल्पना हैं। सबको तपस्या की आँच में तपना पड़ा है, सबको दुःख और वेदना के मरु-कान्तर को पार करना पड़ा है और तब जाकर भारतवर्ष के सहृदय ने उन्हें देवता के आसन पर बैठाया है। संयम बड़ी वस्तु है, तपस्या बड़ी वस्तु है। क्षणिक आवेग, सामयिक उन्माद, अधीर विनिवेदन तब तक भारतीय कवि के चित्त को मुग्ध नहीं करते जब तक वे संयम, तप और भक्ति में स्नान करके पवित्र न हो गए हों। दुष्यन्त और शकुन्तला का प्रथम मिलन केवल खण्ड-सत्य था। कवि ने उस अभिशप्त प्रीति को विजयी नहीं होने दिया है। विजयी हुआ वह प्रेम जो जीवन-रस में पूरी तरह परिपक्व होकर मिला है।

संस्कार बड़े प्रबल हैं, वे विवेक को प्रायः ही दबोचते रहते हैं। भारतीय सहृदय एक प्रकार के संस्कारों में पलता है और दूसरे देश के सहृदय दूसरे प्रकार के। जो काव्य-लक्ष्मी इन संस्कारों को दबा सके उसमें प्राण-शक्ति का अपूर्व विलास माना जाना चाहिए। कभी-कभी अच्छे सहृदय भी अपने बद्धमूल संस्कारों से काव्य-सौंदर्य को परखने का प्रयत्न करते हैं और द्रष्टव्य को छोटा करके देखने में रस पाते हैं। एक उदाहरण दूँ। आप सभी जानते हैं कि दीर्घ

काल से भारतवर्ष इस बात में विश्वास करता रहा है कि किए का फल जरूर भोगना पड़ता है। इस जन्म में नहीं तो अगले जन्म में उसे अपने कर्म का फल भोगना ही पड़ेगा। इससे बच सकना सम्भव नहीं है। इस जन्म में जो कुछ भी मनुष्य ने पाया है, वह पूर्व जन्म के पुण्य या पाप का परिणाम है और इस जन्म में जो पुण्य या पाप करेगा वह भी उसको भोगना ही पड़ेगा। इस विश्वास का प्रभाव भारतवर्ष के साहित्य पर पड़ा है। इस साहित्य में वह वस्तु एक दम नहीं मिलेगी, जिसे पश्चिम के साहित्य में 'समाज के प्रति विद्रोह भावना' कहकर बहुत बड़ा नाम दिया गया है। वस्तुतः प्राचीन हिन्दू कवि इस जगत के समस्त विधान को सामंजस्यपूर्ण और उचित मानता था। धनी या निर्धन होना पुराने पुण्य या पाप का परिणाम है, अच्छे या बुरे कुल में जन्म लेना सुकृत या दुष्कृत का फल है, इसमें कहीं विरोध या विद्रोह की जरूरत ही नहीं है। साहित्य में इसीलिए 'रिवोल्ट' (विद्रोह) नामक वस्तु का यहाँ एकदम अभाव है। मैं यहाँ यह नहीं बताना चाहता कि भारतीयों का ऐसा विश्वास ठीक था या गलत था। मैं यह भी नहीं कहने जा रहा हूँ कि 'रिवोल्ट' का होना वांछनीय है या अवांछनीय। यह सब अवान्तर प्रसंग है यथा अवसर मैं इसकी चर्चा करूँगा। यहाँ मैं केवल संस्कारों की प्रबलता सौर तज्जन्य सांस्कृतिक मनोद्वंद्व का एक उदाहरण आपके सामने रख रहा हूँ। यह समझना आसान है कि कर्मफल की अवश्य प्राप्यता में विश्वास करने वाला नाटककार जगत की समंजस व्यवस्था को चुनौती नहीं दे सकता। भारतीय नाटकों में यह प्रथा रूढ़ हो गयी है कि धर्मात्मा को पापात्मा से कभी पराजित होता न दिखाया जाए और सद्विचारशील व्यक्ति कठिनाइयों से जूझता हुआ हार न जाने पाए।

यह विश्वास भारतीय नीतिशास्त्र के मूल में है और भारत के समस्त प्रयत्नों को इस नैतिक आदर्श के अनुसार रूप देने का प्रयत्न किया गया है। इसलिए भारतवर्ष में उस श्रेणी के नाटक या अख्यायिका या काव्य नहीं लिखे गए जिन्हें 'ट्रेजेडी' कहते हैं। परन्तु यदि एक बार मनुष्य के मानसिक आवेगों और संवेगों को दृष्टि में रखकर विचार करें तो एक दूसरी सचाई भी सामने आती है। मनुष्य के अनेक मानसिक संवेग (इम्पल्स) जो एक-दूसरे के विरुद्ध जाते हैं, या एक-दूसरे को क्षीण बल करते रहते हैं, कलाकार के संवेदनशील चित्त मे युगपत् उत्थित होते हैं। हमारे देश के अलंकार-शास्त्रियों ने स्वीकार किया है कि दो विरुद्ध भाव एक ही आश्रय के मन में आ सकते हैं, रस की अनुभूति में

ये सब समय बाधक ही होते हैं। इसीलिए इनमें किसी एक को या तो अंग बनाकर गौण हो जाना चाहिए या आश्रय का भेद दिखाकर रस-बोध के मार्ग को निष्कंटक कर देना चाहिए। लेकिन इससे यह अनुमान तो कर ही लिया जा सकता है कि आश्रय के चित्त में न सही, कवि के चित्त में ये परस्पर-विरुद्ध भाव अपने विरोधी स्वभाव को छोड़कर बने रहते हैं और अवसर पाकर जब कला के माध्यम से प्रकट होते हैं तो श्रोता के चित्त में विचित्र सामंजस्य उत्पन्न करते हैं। तरस खाना और करुणार्द्र होना विषय के प्रति अभिमुखीकरण के संवेग हैं, इनके द्वारा चित्त उस वस्तु की ओर अभिमुख होता है, जिसे देखकर ये भाव उदित हुए थे। विभीषिका और त्रास प्रतिमुखीकरण के संवेग हैं, इनके द्वारा मनुष्य विषय की ओर जाना नहीं चाहता बल्कि उसे दूर छोड़कर मुंह फिरा लेना चाहता है। दुखान्त नाटकों में ये दोनों भाव एक साथ काम करते रहते हैं। हमारे देश का आलंकारिक निश्चित रूप से कहेगा कि इनमें दोनों समान शक्तिशाली नहीं हो सकते, एक अंगी होकर रहेगा, दूसरा अंग। यदि कहीं दोनों तुल्यबल हुए तो रसबोध को ही मार डालेंगे। परन्तु 'ट्रेजेडी' के पश्चिमी आलोचक मानते हैं कि ये दोनों संवेग श्रोता के चित्त में एक साथ वर्तमान रहते हैं और एक ऐसे अलौकिक आस्वाद को उत्पन्न करते हैं जो साधारण जीवन के अनुभवों से हू-ब-हू नहीं मिलते। आधुनिक मनोविज्ञान ने बताया है कि हम दो कौशलों से उन मनोवेगों को तरह दे जाते हैं, जिनसे हैरान होने की आशंका होती है—दमन से और उन्नयन से। 'ट्रैजेडी' की महिमा इस बात में है कि वह इन दोनों से हमें मुक्त रखती है। कठिनाई या तो मनोभावों के दमन से पैदा होती है या उनके उन्नयन से। सफलता मिलने के समय मनुष्य न तो किसी मनोभाव का दमन करता है, न उन्नयन। सफलताजन्य सन्तोष इस विश्वास का फल है कि स्नायुमण्डल ठीक है, कहीं-कोई आयास नहीं करना पड़ा है। आधुनिक सौंदर्यशास्त्री 'ट्रैजेडी' को सर्वप्रेरक और सर्वग्राह्य वस्तु मानते हैं, क्योंकि वह दो परस्पर विरुद्ध मनोभावों का सन्तुलन ठीक रखकर आश्चर्यजनक सामंजस्य उत्पन्न करती है।

ये दो दृष्टियाँ हैं। एक समाज की समंजस-व्यवस्था को अनालोडित रखने के उद्देश्य से सामाजिक मंगल के रास्ते चलकर प्राप्त की गई है और दूसरी व्यक्ति मानव के मनोवेगों का निरीक्षण करके उपलब्ध की गई है। किसी की महिमा अस्वीकार नहीं की जा सकती। अस्वीकार करने के लिए अधिक-से-

अधिक घोर विवेचना और मानसिक संयम की आवश्यकता है। भारतीय कवि ने अपने विश्वासों के अनुसार जगत के समंजस-विधान में संदेह करना उचित नहीं समझा। अपने लिए उसने आत्मनिर्मित अनेक बन्धन स्वीकार कर लिये। इन बंधनों के भीतर उसने जो रस-सृष्टि की उसे अन्य देश और अन्य काल के संस्कारों के चश्मे से देखने से हम उसका सौंदर्य नहीं उपलब्ध कर सकेंगे।

जीवन के गंभीरतर समझे जाने वाले प्रश्नों का साहित्य में समाधान खोजना आधुनिक प्रवृत्ति है। अत्यन्त हाल में जड़ विज्ञान की उन्नति के साथ मनुष्य की दुनिया छोटी हो गई है। यन्त्रों के आविष्कार ने जहाँ के जीवन की ऊपरी आवश्यकताओं की पूर्ति के लिए प्रचुर उत्पादन की व्यवस्था की है, वहाँ उससे वितरण और उपयोग की उतनी ही अच्छी व्यवस्था नहीं हो सकी है। क्योंकि उत्पादन के साधन कुछ थोड़े से लोगों के हाथ में चले गए हैं, उनके हथियाने में जिस बौद्धिक कौशल की आवश्यकता है, वह मनुष्य अनायास ही उचित अवसर मिलने पर पा जाता है। परन्तु उससे उत्पादित सामग्री को सब तक पहुँचाकर सबके साथ मिलकर भोगने में जो मानसिक औदार्य और बौद्धिक निर्लिप्तता आवश्यक है, वह उतनी आसानी से नहीं मिलती। पहली मनोवृत्ति छीन-झपट कर अपना स्वार्थ साधन करने के कौशल को प्रश्रय देती है। इसे मनुष्य ने अपने पूर्वज पशुओं से विरासत के रूप में पाया है। दूसरी मनोवृत्ति में आत्मत्याग परदुःख-संवेदना और मनुष्य की चरम एकता के भाव हैं—जो संस्कार और साधन की अपेक्षा रखते हैं। पहली मनोवृत्ति ने शोषकों का दल पैदा कर दिया है, परन्तु दूसरी मनोवृत्ति अब भी अत्यन्त शिशु रूप में है। इस नई अवस्था ने संसार के सामने सैकड़ों समस्याएँ उपस्थित कर दी हैं। घिनौने युद्ध और भयंकर अकाल अब प्रकृति के कोप से नहीं होते, मनुष्य की दलित वासनाओं के कारण हो रहे हैं। जीवन एक सिरे से दूसरे सिरे तक इस प्रकार झकझोर दिया गया है कि पुराने संचित संस्कार बुरी तरह झड़ गए हैं और एक-दूसरे से उलझ गए हैं। मनुष्य ने इतने दिनों तक जीवन के विभिन्न पहलुओं का जो मूल्य आँका था, वह अधिकांशतः भहराकर चकनाचूर हो गया है। बहुत कुछ टूट रहा है, बहुत कुछ ढह रहा है। मनुष्य सर्वत्र इन समस्याओं का समाधान खोजता है। वह विज्ञान से इसका हाल पूछता है, इतिहास से इसका रास्ता पूछता है और साहित्य से इसके समाधान की आशा रखता है। जीवन जटिल हो गया है। जहाँ विज्ञान ने ज्यादा पैर जमाया है, जहाँ व्यवसायमूलक

क्रांति हुई है, अर्थात जहाँ अवसर देखकर एक दल ने उत्पादन के साधनों को हथिया लिया है, वही समस्याएँ सहस्रमुखी हो गई हैं। उन्होंने नाटक को ग्रस लिया है, काव्य को ग्रस लिया है और साहित्य को समझने की दृष्टि को भी ग्रस लिया है। पुराने भारतीय कवि की भी अपनी सीमाएँ हैं। उन सीमाओं के भीतर उन्होंने कैसे रूप और रस की सृष्टि की है, यही विचार्य है। आधुनिक समस्याओं का समाधान उनमें एकदम नहीं मिलेगा ऐसा तो नहीं है, परन्तु उत्तर सामान्य ढंग का होगा, विशिष्ट और बकुभूत नहीं। क्योंकि जीवन की सभी समस्याएँ सामयिक ही नहीं हैं, कुछ दीर्घस्थायी भी हैं। पुराने लोगों ने भी कुछ सामना किया था। उनके सभी अनुभव बासी नहीं हो गए हैं। प्रसिद्ध तन्त्र-शास्त्रज्ञ सर जान वुडरफ ने एक बार बड़े अफसोस के साथ कहा था कि "साधारणतः यूरोपियन प्राच्यविद्या विशारदगण और उनके वे भारतीय शिष्य, जो उनकी ही अँगुली पकड़कर चला करते हैं, कुछ ऐसे अवहेलनामूलक विचारों का पोषण करते हैं कि भारतीय शास्त्र केवल ऐतिहासिक कुतूहल का विषय है। यही कारण है कि वे इस तथ्य को स्वीकार नहीं कर पाते कि प्राचीन पूर्वीय ज्ञान और आधुनिक आविष्कारों में भी आश्चर्यजनक साम्य मिलता है।"

कथा तथा आख्यायिका

संस्कृत के आलंकारिक आचार्यों ने कथा शब्द का प्रयोग एक निश्चित काव्य-रूप के अर्थ में किया है। संस्कृत की 'कथा' गद्य में लिखी जाती थी। एक इसी श्रेणी की गद्यबद्ध रचना और भी होती थी जिसे आख्यायिका कहते थे। भामह ने काव्यालंकार (१।२५-१२८) में सुन्दर गद्य में लिखी सरस कहानी वाली रचना को आख्यायिका कहा है। यह उच्छ्वासों में विभक्त होती थी और इसका कहने वाला और कोई नहीं, स्वयं नायक होता था। इसमें बीच-बीच में वक्त्र और अपवक्त्र छन्द आ जाते थे। इसमें कन्या हरण, युद्ध, विरोध और अन्त में नायक की विजय का उल्लेख भी होता था। 'कथा' इससे थोड़ा भिन्न हुआ करती थी। उसमें वक्त्र और अपवक्त्र छन्द नहीं होते थे और न उसका विभाजन ही उच्छ्वास-संज्ञक अध्यायों में हुआ करता था। इसकी कहानी स्वयं नायक नहीं कहा करता था, बल्कि किन्हीं दो व्यक्तियों की बातचीत के रूप में कह दी जाती थी। उसके लिए भाषा का कोई बन्धेज नहीं था। भामह के इस कथन को ही अपने सामने रखकर दण्डी ने 'काव्यदर्श' (१।२३-२८) में कहा

था कि कथा और आख्यायिका वस्तुतः एक ही श्रेणी की रचनाएँ हैं—क्योंकि कहानी नायक कहे या कोई और कहे, अध्याय का विभाजन हो या न हो, अध्यायों का नाम उच्छ्वास रखा जाय या लम्भ रखा जाय, बीच में वक्त्र या अपवक्त्र छन्द आते हों या न आते हों, इससे कहानी में क्या अन्तर आ जाता है। इसलिए इन ऊपरी भेदों के कारण 'कथा' और आख्यायिका में अन्तर नहीं करना चाहिए।

बृहत्कथा और हाल की सतसई

प्राकृत में लिखी हुई सबसे पुरानी कथा गुणाढ्य की बृहत्कथा ही है। इस ग्रंथ ने परवर्ती संस्कृत काव्य-नाटकों और कथा जातीय गद्य-काव्य को बहुत कथा-सामग्री प्रदान की है। भारतवर्ष का यह दुर्भाग्य ही कहा जाना चाहिए कि यह अमूल्य निधि आज अपने मूलरूप में प्राप्त नहीं है। सन् ईसवी की आठवीं-नवीं शताब्दी के साहित्य से पता चलता है कि उस समय तक यह कथा प्राप्य थी। यहाँ तक कि लगभग ८७५ ई० में कम्बोडिया की एक संस्कृत प्रशस्ति में गुणाढ्य और उनकी बृहत्कथा की चर्चा आई है। यह ग्रन्थ पैशाची प्राकृत में लिखा गया था। इसके निर्माण की कहानी बड़ी मनोरंजक है। गुणाढ्य पंडित महाराज सातवाहन के सभापंडित थे। महाराज सातवाहन भी उदयन, विक्रमादित्य (साहसांक) की भाँति ऐतिहासिक पुरुष थे। सातवाहन राजाओं ने दीर्घकाल तक दक्षिण में राज्य किया था। सिक्कों पर उनके 'साड' 'सात' आदि नाम प्राप्त हुए हैं। पंडितों ने अनुमान किया है कि 'हाल' वस्तुतः 'साड़' शब्द का ही प्राकृत रूप है। वर्ण-परिवर्तन के आधार पर निश्चित किया हुआ यह सिद्धान्त सही हो भी सकता है और नहीं भी हो सकता है। परन्तु इतना सत्य है कि 'हाल' प्राकृत साहित्य के उसी प्रकार पुरस्कर्ता थे जिस प्रकार विक्रमादित्य संस्कृत साहित्य के। ब्राह्मण-साहित्य में अपने प्राकृतप्रेम के कारण इन्हें कई बार उपहास का पात्र बनना पड़ा है। हम अभी जिस मनोरंजक कहानी की ओर आपका ध्यान आकृष्ट करने जा रहे हैं, वह ऐसे ही उपहास का द्योतक है।

'हाल' की 'सतसई' प्राकृत-कविताओं का अपूर्व संग्रह है। शताब्दियों से वह पंडितों का कण्ठहार बनी हुई है। इसके कोई एक दर्जन रूप हमें परम्परा-क्रम से प्राप्त हुए हैं। विशेषज्ञों ने सब रूपों के अध्ययन के बाद दिखाया है

कि सात सौ में लगभग चार सौ गाथाएँ पुरानी हैं। बाकी परवर्ती काल में प्रक्षिप्त हुई हैं। इस पुस्तक का मूल नाम 'गाथा कोश' था। एक गाथा के अनुसार कवि वत्सल 'हाल' ने एक करोड़ गाथाओं में से चुनकर इन सात सौ पद्यों का संग्रह किया था। एक मजेदार कहानी में तो यह भी कहा गया है कि सरस्वती के वरदान से 'हाल' के राज्य का प्रत्येक स्त्री पुरुष एक दिन के लिए कवि हो गया था और सबने अपनी कविताएँ हाल को दी थीं। उन्हीं से चुनी हुई कविताओं का संग्रह सतसई है। इसमें तो कोई शक नहीं कि 'हाल' प्राकृत साहित्य के पृष्ठपोषक थे। राजशेखर ने 'काव्यमीमांसा' में तो इस अनुश्रुति का भी उल्लेख किया है कि सातवाहन ने अपने अन्तःपुर में केवल प्राकृत बोलने का ही नियम बना दिया था। यह सातवाहन और हाल एक ही व्यक्ति होंगे। ऐसा प्राकृत प्रेमी राजा प्राकृत में निबद्ध प्रेम-गाथाओं का नायक हो, यह बिल्कुल स्वाभाविक ही है और शायद यह भी स्वाभाविक ही है कि ऐसे प्राकृत प्रेमी राजा को संस्कृत से अनभिज्ञ बताकर उपहास का पात्र बनाया जाय।

गुणाढ्य पंडित की बृहत्कथा या 'बड्डुकहा' अब मूल रूप में उपलब्ध नहीं है। कहा जाता है कि उनकी कथा का उपहास स्वयं हाल ने किया और खिन्न होकर उन्होंने उसका अधिकांश भाग स्वयं जला दिया। किसी प्रकार राजा को सुबुद्धि हुई और अन्तिम सातवाँ भाग बचाया जा सका। राजा की प्रार्थना पर सिर्फ एक ही भाग बच सका। उस बचे भाग की कथा हमारे पास मूलरूप में तो नहीं आ सकी, परन्तु संस्कृत भावानुवाद के रूप में आज भी उपलब्ध होती है। बुद्धस्वामी के 'बृहत्कथा श्लोक संग्रह' क्षेमेन्द्र की 'बृहत्कथा मंजरी' और सोमदेव के 'कथासरित्सागर' में बृहत्कथा के उस अवशिष्ट अंश की कहानियाँ संगृहीत हैं।

इनमें पहला ग्रन्थ नेपाल के और बाकी काश्मीर के पंडितों की रचना है। यह नहीं पता चलता कि गुणाढ्य ने मूल कहानी गद्य में लिखी थी या पद्य में। श्लोक-संग्रह से जान पड़ता है कि वह पद्य में लिखी गई होगी, पर कथा की परवर्ती परिभाषाओं को देखकर बहुतेरे पंडित उसे गद्य में लिखी बताते हैं। वैसे तो यह विवाद तब तक चलता रहेगा जब तक सौभाग्यवश मूलग्रन्थ की कोई प्रति न मिल जाय। किन्तु मैं अपना यह विश्वास प्रगट कर देना चाहता हूँ कि मूलकथा पद्यबद्ध थी और वहीं से प्राकृत-भाषा या लोकभाषा में पद्यबद्ध कथाओं के लिखने की परम्परा शुरू होती है।

परन्तु ये रचनाएं प्राकृत में होने पर भी उस काल के संस्कृत काव्यों की परम्परा में ही आती हैं। इतना अवश्य है कि वे कुछ अधिक लोकोन्मुख हैं। कदाचित् मुक्तक-काव्य की परम्परा भी प्राकृत से ही शुरू होती है। अर्द्ध-विश्वसनीय या अविश्वसनीय अनुश्रुतियाँ पूर्ववर्ती काल के संस्कृत मुक्तक काव्यधारा के अस्तित्व का आभास अवश्य देती हैं पर और भी पुरानी बौद्ध शास्त्रीय परम्परा प्राकृत की मुक्तक काव्यधारा को ही प्रबल सिद्ध करती है।

इतना निश्चित है कि जिसे हम मध्यकाल का साहित्य कहने जा रहे हैं, उसकी प्रेरणा प्राकृत के विशाल साहित्य से निर्विवाद रूप से मिलती रही है। प्राकृत साहित्य के बारे में कुछ अधिक चर्चा करने का अवसर हम बाद में खोजेंगे। मध्यकालीन साहित्यिक प्रवृत्तियों की जानकारी के लिए यह साहित्य भी उतना ही महत्त्वपूर्ण है, जितना संस्कृत का साहित्य। अस्तु।

तीसरा व्याख्यान

उद्देश्य और उपलब्धियाँ

मुक्तक-काव्य की पुरानी परम्परा

हमने देखा है कि भारतीय परम्परा के अनुसार पहले कवि आदि कवि बाल्मीकि हैं और उनकी रामायण आदि काव्य । महाभारत को मुख्य रूप से इस देश में इतिहास के रूप में स्वीकार किया गया है । रामायण निश्चित रूप से उस कोटि का ग्रन्थ है, जिसे भारतीय परम्परा में 'काव्य' कहते हैं और विद्वानों के विचार से महाभारत के पुराने अंशों में भी निश्चित रूप से उस श्रेणी की रचनाएं मिल जाती हैं, जिन्हें भारतीय परम्परा काव्य रूप में स्वीकृत करती है । नि.संदेह सन् ईसवी के आरम्भ होने तक इन दोनों ग्रन्थों का अधिकांश बन चुका था । कर्णाटराज प्रिया (विज्जका ?) जैसी अभिमानिनी कवयित्री ने भी ब्रह्मा के साथ बाल्मीकि तथा व्यास को उत्तम कवि मान लिया था । बाकी कवियों के सिर पर वे अपना बायाँ पैर ही रखती हैं, दाहिने लायक उनके सिरों को मानती ही नहीं —

एको भून्नलिनात् पदश्च पुलिनाद् बल्मीकतश्चायदः
प्राच्यासो त्रय एव दिव्य कवयो दिव्यन्तु देव्यागिरा
अर्वाचो यदि गद्यपद्य रचना चातुर्यवागुद्धता-
स्तेषां भूध्नि ददामित्रामचरणं कर्णाटराजप्रिया ।

एक मिलता-जुलता ऐसा ही श्लोक किसी शाकल्यमल्ल नामक कवि का भी मिलता है । अस्तु इस प्रकार काव्य-पद्धति का श्रीगणेश ईसा के बहुत पहले हो जाना सिद्ध होता है । जिसे हम भारतीय मनीषा का मध्यकाल कहते हैं, (सन् ई० की ८वीं शताव्दी से १८वीं शताब्दी तक) उस काल में रामायण और महाभारत को अत्यन्त श्रद्धा के साथ स्वीकार कर लिया गया था । परवर्ती काल में सुभाषित-संग्रहों का प्रयत्न भी किया गया था । इन सुभाषित संग्रहों

में संग्रहकर्त्ता द्वारा अपने पूर्ववर्ती कवियों की अच्छी रचनाओं का संग्रह किया गया था। इन सुभाषितों में पाणिनि का नाम भी आता है, जिनका काल निश्चित रूप से सन् ईसवी के आरम्भ होने के कम-से-कम ४०० वर्ष पहले का है और पतंजलि का भी, जिनका समय ईसवी पूर्व दूसरी शताब्दी है। इन रचनाओं की प्रामाणिकता के बारे में कुछ मतभेद है परन्तु इतना निश्चित है कि काव्य समझी जाने वाली शैली बहुत पहले से इस देश में प्रचलित हो चुकी थी। वैसे चौथी शताब्दी के बाद से मिलने वाले ऐतिहासिक अभिलेखों में वे सारी बातें खोजने से मिल जाएँगी जो परवर्ती काव्य में प्रचुर मात्रा में मिलने लगती हैं।

अलंकृत काव्य

आप जानना चाहेंगे कि यह काव्य-शैली क्या है। योरोपीय पंडितों ने इसे 'आरनेट पोयट्री' या 'अलंकृत काव्य' कहा है। ऐसा विश्वास किया जाता है कि इसका आरम्भ राज-दरबार के कवियों ने किया होगा। परवर्ती काल में भी इस श्रेणी के कवियों को राजाश्रय प्राप्त रहा। इसलिए योरोपीयन पंडित कभी-कभी 'कोर्ट पोयट्री' कह करके भी इसका परिचय देते हैं। राज-दरबार से सम्बद्ध होने पर भी इस श्रेणी की रचना को 'कोर्ट पोयट्री' कहना बहुत उचित नहीं होगा। क्योंकि इस शब्द से उन्हें आधुनिक स्वच्छंदतावादी कविता से इसकी विशेषता समझने में मदद नहीं मिलेगी। इसलिए इस श्रेणी के काव्य को इस व्याख्यान में मैं 'अलंकृत काव्य' कहूँगा।

'अलंकृत काव्य' श्रेणी की रचनाओं में कवि को अच्छी शिक्षा की जरूरत होती है। उसे अलंकारों का बहुत अच्छा ज्ञान होना चाहिए, कौन-सी बात ग्राम्य हो जाती है और कौन-सी शिष्ट, इस बात की जानकारी होनी चाहिए, उसे रसों और भावों की पहचान होनी चाहिए, अनेक प्रकार की ऋतुओं में प्रेमियों के मानसिक उतार-चढ़ाव की ठीक-ठीक जानकारी होनी चाहिए, व्याकरण-सम्मत, किन्तु सरस भाषा के नाड़ी-स्पन्दन का अनुभव होना चाहिए, प्रेम, मिलन, विरह आदि की विभिन्न स्थितियों को चमत्कारपूर्ण ढंग से कहने की क्षमता होनी चाहिए, प्रेमी और प्रेमिकाओं की विभिन्न अवस्थाओं का सूक्ष्म परिचय होना चाहिए, विशिष्ट अवसरों, मनोभावों और पात्रों के अनुरूप छंदों का अच्छा ज्ञान होना चाहिए, विभिन्न अवसर के वस्त्रों-आभूषणों आदि की सही-सही जानकारी होनी चाहिए, साथ ही उसके लिए अन्यान्य शास्त्रों की भी यथा-सम्भव

अधिक से-अधिक जानकारी अपेक्षित है। संक्षेप में, यह कविता केवल प्रतिभा को आश्रय करके नहीं बनती, बल्कि इसके लिए अच्छी काव्य-शिक्षा और पुराने कवियों की रचनाओं की जानकारी बहुत आवश्यक है। ७वीं शताब्दी के आलंकारिक और कवि दण्डी ने तो यहाँ तक कहा है कि विशेष प्रतिभा-शक्ति न होने पर भी यदि कोई परिश्रमपूर्वक काव्य-शिक्षा का अभ्यास करे तो सरस्वती की कृपा उसपर कुछ-न-कुछ अवश्य हो जाती है और वह सहृदय रसिकों की गोष्ठी में निर्द्वंद्व विहार कर सकता है।

स्वभावतः इस प्रकार की कविता में काव्य-शिक्षा पर क्रमशः अधिकाधिक जोर दिया जाने लगा और जिसे हम भारतीय मनीषा का मध्य काल कहते हैं, वहाँ तक आते-आते वह अत्यन्त प्रबल काव्य-हेतु मान ली गई।

सुभाषितों के आधार पर सुकवि के गुण

मध्य युग के कवि से तत्कालीन सहृदय क्या चाहते थे, और उसे किस परिवेश में काव्य-रचना करनी पड़ती थी, यह जान लेना उपयोगी होगा। हमारे पास सुभाषितों का जो भाण्डार है, उसमें अनेक प्रकार की सूक्तियाँ सुकवियों की प्रशंसा में लिखी गई मिलती हैं। इनके विश्लेषण से सुकवि की वांछनीय गुणावली का आभास पाया जा सकता है। आलंकारिक आचार्य बौद्धिक शक्ति-सम्पन्न आचार्य थे। उनकी बातें निश्चित सिद्धान्तों के समर्थन के लिए लिखी गई हैं। परन्तु ये सुभाषित तत्कालीन सामान्य शिष्टजन की मनोवृत्ति के सूचक हैं। पं० नारायण राम आचार्य ने अनेक पूर्ववर्ती सुभाषितों और ग्रंथों की सहायता से सुभाषिता रत्न भाण्डागार नामक महत्त्वपूर्ण ग्रंथ का सम्पादन किया था। इस ग्रंथ में सामान्य सुकवि-प्रशंसा के ६८ सुभाषित संकलित हैं। इसमें सुकवि की प्रशंसा में निम्नलिखित बातों का उल्लेख है —

कवि का यश अमर होता है	८ श्लोक
कवि अच्छी सूक्तियाँ कहता है	१० श्लोक
कवि राजा या आश्रयदाता को अमर बना देता है	१२ श्लोक
कवि सहृदयों को आनंदित करता है और सत्वाद्रेक कराता है	११ श्लोक
कवि पंडितों को आनंदित कराता है	५ श्लोक
कवि के हृदय में चौदह भुवन सिमट आते हैं	२ श्लोक

कवि का विद्वान होना श्रेयस्कर है	१० श्लोक
कवि अनपढ़ में भी आनन्द संचार करता है	१ श्लोक
कवि निर्भीक और हेतुयुक्त बात कहता है	१ श्लोक
कवि शीलयुक्त बात कहता है	१ श्लोक
कवि धीर वाणी कहता है	१ श्लोक
कवि लावण्ययुक्त वाणी कहता है	२ श्लोक
कवि स्वयं रस का आस्वादयिता नहीं होता	२ श्लोक
रस-सिद्ध कवि दुर्लभ है	१ श्लोक
	६८ श्लोक

इससे स्पष्ट है कि मुख्य रूप से यश या कीर्ति से कवि की अमरता राजा या आश्रयदाता को भी अमरता प्रदान करने की शक्ति, अच्छी अर्थयुक्त सूक्ति, सहृदय पंडित जन को आनंददान और कवि का पाण्डित्य ही मुख्य रूप से स्मरण किए गए हैं।

क्या कवि रस-वेत्ता नहीं होता

ऐसा कहा गया है कि भारतीय रस-शास्त्री से यदि पूछा जाय कि कवि स्वयं अपनी कविता का आनंद लेता है या नहीं, तो कदाचित् वह यही कहेगा कि कविता लिख लेने के बाद जब वह सहृदय की स्थिति में आता है तभी अपनी रचना का आनंद लेता है। कविता का सही आस्वाद सहृदयों को ही मिलता है। रचना-प्रक्रिया के आनंद पर भारतीय रस-शास्त्री जोर नहीं देते। सुभाषितों से भी इस बात का समर्थन होता है। "काव्य प्रपंच चंचू रचयति काव्यं न सारविद्भवति। वृक्षाः फलानि सुवते विंदति सारं पतंग समुदायः" अर्थात् काव्य-रचना में निपुण कवि काव्य-रचना करता है लेकिन उसका सार जानने वाला वह नहीं होता। पेड़ फल पैदा अवश्य करते हैं परन्तु इन फलों का सार तो पक्षियों का समूह ही जानता है। कविता कवि की पुत्री के समान होती है। वह कन्या के पिता के समान सदा यही सोचता रहता है कि इसे सज्जन के पास जाना है, उसे रमण का आह्लाद देगी, अतः इसे निर्दोष होना चाहिए। इन चिन्ताओं से वह कन्या के पिता के समान ही कष्ट पाता रहता है—

यास्यति सज्जन हस्तं रमयिष्यति तं भवेच्च निर्दोषा ।
उत्पादयितापि कविस्ताभ्यति कथया हि दुहितेव ।।

यह श्लोक पंचतंत्र में मिलता है। इससे इस प्रकार के विचार की प्राचीनता सिद्ध होती है। इसके विपरीत जाने वाले कथनों का भी संकलन किया जा सकता है। लेकिन मुख्य रूप से यह बात उन दिनों काफी लोकप्रिय जान पड़ती है कि कवि रचना काल में काव्य-रस का अनुभव नहीं करता। अलंकार शास्त्रों में भी लगता है कि काव्य की रचना-प्रक्रिया में जो आनन्द है, उस ओर कम ही ध्यान दिया गया है। यह कहना कि कवि रचना करने के बाद सहृदय-रूप में ही काव्य का रसास्वाद करता है, कविता को स्थितिशील कला-वस्तु (स्टेटिक आबजेक्ट) मान लेने के समान है। उसकी रचना-प्रक्रिया में जो गतिशील पक्ष (डाइनेमिक प्रोसेस) का आनन्द है, वह उपेक्षित हो जाता है।

काव्य-सर्जना का आनन्द

काव्य-सर्जना का आनन्द चित्त की गतिशील द्रुति से उत्पन्न होता है। यह तो माना गया है कि कविता रूपी पुत्री को लोकोत्तर सहृदय के पास भेजकर कवि को जो आनन्द मिलता है, वह न तो ब्रह्म-विद्या से मिल सकता है और न राजलक्ष्मी से—'न ब्रह्म विद्या न च राजलक्ष्मीस्तथा थथेयं कविता कवीनाम्। लोकोत्तरे पुंसि निवेश्यमाना पुत्रीव हर्ष हृदये करोति'। परन्तु यह भी कविता को तैयार माल (फिनिश्ड प्रोडक्ट) समझने की ही वृत्ति है। हम इस समय रचना-प्रक्रिया के आनन्द के स्वरूप का विवेचन नहीं करेंगे। यहाँ हमारा उद्देश्य मध्यकाल के कवियों की मनोवृत्ति का परिचय देना है। आनन्द का व्यापक अर्थ स्वीकार करते हुए भी वे श्रृंगार रस से अभिभूत होते थे, इसलिए व्यवहार में उत्पादयिता के आनंद को भोक्ता के आनंद के सामने नगण्य मान लेते थे। प्रायः उच्च कोटि के कवियों के बारे में भी इस बात के लिए गर्व अनुभव करते बताया गया है कि भारती वाणी उनके साथ तर्कशास्त्र और काव्यशास्त्र में समान रूप से रमण करती है, क्योंकि प्रिय व्यक्ति अगर मनोनुकूल हो तो सुन्दरियों को इस बात की परवा नहीं होती कि कोमल शय्या मिल रही है या कुश से आच्छादित कंटकाकीर्ण वनभूमि। नैषधकार श्री हर्ष के नाम पर ऐसा श्लोक प्रबंधों में मिलता है—

साहित्ये सुकुमारवस्तुनि दृढ़ग्राहग्रहग्रंथिले
तर्के वा मयि संविधातरि समं लीलायते भारती ।
शय्या वास्तु मृदूत्तरच्छपटा दर्भांकुरैरास्तृता
भूमिर्वा हृदयंगमो यदि पतिस्तुल्या रतिर्योषिताम् ॥

सहृदय दुलर्भ है

सहृदयों का मिलना दुर्लभ ही है । बारहवीं शताब्दी के महत्त्वपूर्ण सुभाषित संग्रह 'सुभाषितावलि' में एक बड़ा ही सुन्दर श्लोक संग्रहीत है । इसमें कहा गया है कि कवि के ऐसे अभिप्राय जो शब्दों में प्रकट नहीं होते केवल सरस पदों में ही स्फुरित होते हैं, उसका आनन्द लेकर मौन रह जाने वाले, किन्तु रोमांचपूर्ण अंगों से बहुत-कुछ कह देने वाले सहृदय जन को मेरी यह प्रणामांजलि निवेदित है—

कनेरभिप्रायमशब्दगोचरं स्फुरन्तमर्दिषु पदेषु केवलम् ।
जनस्य तूष्णीं भवनोऽयमञ्जति : ॥

इसमें यह स्वीकार किया गया है कि कविता केवल शब्दार्थ मात्र नहीं है । वह उससे कुछ अधिक देती है, जो प्रयोजनवती गद्यात्मक भाषा नहीं दे पाती । वह कुछ अशब्द गोचर, पदयोजनास्फुरित तत्त्व केवल सहृदय ही जान पाता है । आनन्दवर्धन इसे 'प्रतीयमान' अर्थ कहते हैं और सुन्दरी स्त्री के अंगों के कुल जोड़ों से ऊपर छिटकते रहने वाले लावण्यतत्त्व का समशील मानते हैं ।

मध्यकाल के कवि के सामने ये दो प्रश्न थे । अपने सम्पूर्ण अस्तित्व से निचुड़े हुए काव्य-रस का आनन्द ग्रहण करने वाला सहृदय कैसे मिले और दूसरा उसके यश को अमर-अजर बना देने वाला गुणग्राही कहाँ मिले ।

उन दिनों की राजसभाओं, विद्वद्गोष्ठियों और वैनोदिक कला जिज्ञासुओं की खोज इसीलिए आवश्यक थी । कवि राजा को अधिक-से-अधिक गुणग्राही और सहृदय पाकर अपने को कृतार्थ समझता था, पर वास्तविकता यह थी कि सभी राजा या आश्रयदाता ऐसे नहीं होते थे । कुछ अवश्य होते थे पर कम ही । कई बार प्रथापालन के लिए कवियों को आश्रय देना, राजा लोग कर्त्तव्य मानते थे, पर उनकी स्वयं कोई रुचि नहीं होती थी । फिर भी राजसभा को प्रसन्न करने के लिए कवि को कुछ कहना ही पड़ता था । कई बार कवियों का आन्तरिक क्षोभ भी व्यक्त हुआ है । कहा गया है कि यदि यह कभी न भरने

वाला पापी पेट का खड्डु न होता तो कवि किसी प्रकार आप जैसे राजाओं के कुटिल कटाक्ष का निरीक्षण न सहता—

इयमुदरदरी दुरंतपूरा: यदि न भवेदभिमानभंगभूमि,
कथमपि न सहे भवादशाना कुटिलकटाक्ष निरीक्षणं नृयारणाम् ।

यह श्लोक भर्तृहरि के नाम पर भी मिलता है । पर कुछ विद्वान इसे परवर्ती काल की रचना मानते हैं । जो हो, इससे कवि की लाचारी का पता तो चलता ही है । किसी कवि को अपनी वाणी को अनुपयुक्त व्यक्ति के सामने सुनाने का दुःख था । उसने अत्यन्त करुण भाषा में अपनी सरस्वती से प्रार्थना की थी कि हे मातः मैंने दुःखों के सामने इस पापी पेट की पूर्ति के लिए तुझे बार-बार नवाया है । इस भयंकर अनुचित अपराध को क्षमा कर । हे सहजसरला वत्सला वाणी, इस पाप का प्रायश्चित मैं आज भगवान श्रीकृष्ण के गुणगान में तेरा उपयोग करके करना चाहता हूँ ।

ऐसी अनेक सूक्तियां कवि की लाचारी की ओर इंगित करती हैं ।

काव्य-शिक्षा पर बल

यह प्रश्न नितान्त अनुचित नहीं है कि वह काव्य जो राज सभाओं में या गोष्ठी-विहारों में कवि को कीर्तिशाली बना देता था, कैसा होता होगा । कुमार-सम्भव जैसे बड़े-बड़े प्रबन्ध-काव्यों के पढ़ने योग्य समय तो वहाँ नहीं रहता होगा, मेघदूत जैसे खण्ड काव्य भी कम ही पढ़े जा सकते होंगे । वस्तुतः जो काव्य इन स्थानों पर पढ़े जाते होंगे, वे छोटे मुक्तक ही होते होंगे और उक्ति चमत्कार का उनमें प्राधान्य रहता होगा । राजशेखर ने उक्ति विशेष को जब काव्य कहा था तो उनका मतलब कुछ इसी प्रकार के काव्य से था । मैं यह नहीं कहता कि रसपरक काव्य का उन दिनों कोई महत्त्व नहीं था, मैं केवल यह कहना चाहता हूँ कि राज सभाओं और गोष्ठी-विहारों में जो काव्य कीर्तिशाली बना सकते थे, वे चमत्कारिक उक्तियों वाली रचनाएँ ही होती थीं । पुरानी अनुश्रुतियों से इस बात का समर्थन होता है । ऐसी रचनाओं को 'सूक्ति' या 'सुभाषित' कहना उचित ही है । रुद्रट ने स्पष्ट रूप से कहा है कि मात्राच्युतक, विन्दुमती, प्रहेलिका आदि केवल क्रीड़ामात्र के लिए उपयोगी है (५-२४) । दण्डी ने काव्यादर्श में कहा है कि क्रीड़ा-गोष्ठियों के विनोद में, साहित्य-रसिकों की बैठक में और दूसरों को मोहित करने के लिए ही प्रहेलिकाओं का

उपयोग है। संभवतः पुराने अलंकार-शास्त्रों में रस की उतनी चर्चा न करके उक्ति-वैचित्र्य और गुण-दोष की ही चर्चा जो अधिक मिलती है, उसका भी यही कारण है। गुण-दोष का ज्ञान वादी को पराजित करने में सहायक होता था। काव्य के लिए केवल प्रतिभा को ही आवश्यक नहीं माना जाता था, व्युत्पत्ति और अभ्यास की भी पूरी आवश्यकता अनुभव की जाती थी। यह तो स्वीकार किया गया है कि प्रतिभा नहीं होने से काव्य सिखाया नहीं जा सकता, विशेषकर उस आदमी को तो किसी प्रकार कवि नहीं बनाया जा सकता जो स्वभाव से ही पत्थर के समान जड़ हो, जिसे आर्द्रता की लहरें थोड़ा भी अन्तःसिक्त नहीं कर पाती हों। फिर ऐसे आदमी को भी काव्य का अभ्यास नहीं कराया जा सकता, जो तर्कशास्त्र या व्याकरण पढ़कर अपनी स्वाभाविक संवेदनशीलता खो चुका है। पहले प्रकार का व्यक्ति 'प्रकृत्या जड़' कहा जाता है और दूसरे प्रकार का 'नष्ट साधन', परन्तु यदि थोड़ी भी शक्ति हो तो काव्य सिखाया जाना सम्भव है। प्राचीनों का विश्वास था कि पूर्वजन्म के पुण्य से, या मन्त्रसिद्धि से, या देवता के वरदान से बीच ही में अचानक कवित्व प्राप्त हो जाता है। कवित्व सिखाने वाले ग्रन्थों का यह दावा तो नहीं है कि वे गधे को गाना सिखा देंगे या अंधे को देखने की शक्ति दे देंगे, पर थोड़ी-सी शक्ति हो तो उसे सभाओं में सम्मान पाने योग्य बना देना उन्हें सम्भव जान पड़ता है और पुराने सामन्त युग के मनुष्य के लिए यह कम महत्त्व की बात नहीं थी। यद्यपि शास्त्र के अनुसार काव्य, यश के लिए, व्यवहार ज्ञान के लिए, अमंगल निरास के लिए, सहज मुक्ति के लिए या कान्तासम्मत उपदेश के लिए, अर्थात् जीवन की लगभग समस्त आवश्यकताओं की पूर्ति के लिए काव्य लिखे जाते थे, पर ज्यादा जोर कीर्ति पाने पर ही दिया गया है। क्योंकि व्यवहार ज्ञान, अमंगल का प्रतिकार, मुक्ति और उपदेश तो और साधनों से मिल ही सकते हैं। कविता इन बातों में कई साधनों में से एक ही है। परन्तु कवियश प्रधान वस्तु है। दूसरी प्रधान वस्तु है आनन्द। कवि रस-बर्षा कर दूसरों को भी आनन्दित करता है और स्वयं आनन्द पा सकता है। वास्तविक आनन्द रस-सिद्धि है। कवियों की यह कहकर प्रशंसा की गई है कि उनके यशः शरीर में जरा-मरण का भय नहीं होता।

जयन्ति ते सुकृतिनः रससिद्धाः कवीश्वराः।
नास्ति येषां यशः काये जरामरणजं भयम ॥

कीर्त्ति-लालसा

मध्ययुग के अनेक प्रयत्नों के मूल में कीर्ति पाकर अमर होने की लालसा काम कर रही है। कीर्ति प्राप्त करने में राजा और उसकी राजसभा मुख्य सहायक साधन थे। सुभाषितों में राजस्तुति को निर्विवाद रूप से काव्य मान लिया गया था। राजदरबार को कीर्ति प्राप्त करने का केन्द्र मान लेने के कारण एक विशेष प्रकार का दरबारी काव्य उन दिनों बहुत लोकप्रिय हुआ और दुर्जनों तथा चुगलखोरों की निन्दा और सज्जनों और सहृदयों की प्रशंसा को उसमें विशिष्ट स्थान प्राप्त हुआ। यह परम्परा बहुत दिनों तक किसी-न-किसी रूप में जीती चली आई। अन्तिम हिन्दू सम्राटों और राजाओं के दरबार के बहुतेरे कवि पूरे दरबारी हो गए थे। सामन्त युग का पूरा प्रभाव हमारे अलंकारशास्त्र पर पड़ा है। राजकीय ठाट-बाट का जीवन कवि का भी आदर्श हो गया। राजशेखर ने कवि के जिस शानदार जीवन का चित्र खींचा है वह चौंधिया देने वाला है। कवि को सुकुमार रुचि का धन-सम्पन्न व्यक्ति होना चाहिए। उसके शानदार भवन में पुष्करिणी, मण्डप, स्नान-गृह, दोला आदि होने चाहिए। सुशिक्षित परिचारिकों और परिचारिकाओं की व्यवस्था होनी चाहिए, महार्ह वस्तुओं से घर भरा रहना चाहिए और मूल्यवान वस्त्राभूषणों से उसे समृद्ध रहना चाहिए, इत्यादि इत्यादि।

इसी प्रकार माघ पण्डित की समृद्धि का वर्णन प्रबन्धचिन्तामणि आदि ग्रन्थों में बड़ी मुखर भाषा में किया गया है। स्वयं राजा भोज को उस समृद्धि के सामने चकित और हत-गर्व होना पड़ा था। ऐसा जान पड़ता है कि इस श्रेणी के कवियों के सामने बाल्मीकि और व्यास का आदर्श नहीं था, यद्यपि उनके प्रति भक्ति प्रचुर मात्रा में थी।

आज का कवि यह स्वीकार करने में संकोच करेगा कि वह धन के लिए या यश के लिए या व्यवहार सिखाने के लिए लिख रहा है और पाठक भी उससे इन बातों की आशा नहीं करता। छापे की मशीन ने इन विषयों के लिए अनेक अन्य शास्त्रों को सुलभ कर दिया है। इस मशीन ने जो पाठक को भावावेश पर से धकेलकर बुद्धिप्रवाह में फेंक दिया है, वह मामूली बात नहीं है। कवि के हाथ से अनेक विभाग छिन गए हैं। कुछ कहानियों ने ले लिया है कुछ उपन्यासों ने हथिया लिया है, कुछ निबन्धों ने छीन लिया है और कुछ

अन्य साहित्यांगों ने। समय ने 'कान्तासम्मत उपदेश' देने के महान मंच पर से कवि को उतार दिया है। पाठक उससे कुछ अधिक चाहता है। क्या चाहता है, यह कहना बड़ा कठिन हो गया है। शायद वह 'जीवन की व्याख्या' चाहता है, शायद वह आत्माभिव्यक्ति चाहता है। शायद वह 'स्पांटेनियस आउटबर्स्ट आफ पर्सनल फीलिंग्स' या वैयक्तिक अनुभूतियों का स्वतः समुच्छ्वसित उछ्वास चाहता है—ऐसा ही कुछ आधुनिक आलोचकों ने उस रहस्यमय माँग को समझ रखा है। अब युग चेतना को स्वर देना कवि का कर्त्तव्य माना जाने लगा है, मानव संस्कृति का निर्माण करना उसका लक्ष्य समझा जाने लगा है, अब उसे दरबार को जीतकर कवियश पाने का जरूरतमंद नहीं माना जाता।

कवि का वर्ण्य-विषय

मध्ययुग का कवि इतनी माँगों का शिकार नहीं बना था। इसीलिए दुनिया के समस्त पदार्थों को अपने वर्ण्य-विषय के अन्तर्गत मानने पर भी चुनता कुछ थोड़े ही विषयों को था। उसे वर्ण्य-वस्तु को सरस बनाने की बड़ी चिन्ता थी और उसमें भी वह शृंगार को ही अधिक महत्त्व देता था। इस रस के बाहर यदि वह जाता था तो प्रायः ऐसी बातों में ही उलझता था, जिसमें वक्तव्य वस्तु कुछ ऐसी वक्रभंगिमा में प्रकट हो कि सहृदयों की सभा वाह-वाह कर उठे। यश और सम्मान प्राप्त करने के लिए समस्या-पूर्ति एक आवश्यक विषय हो गया था। ऐसे ग्रन्थ भी लिखे गए जो समस्यापूर्ति को सहजसाध्य बनाने की कला सिखाते हैं। अनेक प्रकार के रूढ़ उपमान इसमें कवि की सहायता करते हैं। अनेकार्थक शब्द उसको सफल बनाते हैं। मध्यकाल के साहित्य में इन रूढ़ियों का यत्नपूर्वक संकलन किया गया है। श्लेष की पटुता, संस्कृत भाषा के अनेकार्थक तथा संधि और समास के नियमों से कविता सहज साध्य हो जाती है। संस्कृत कवि श्लेष, यमक, अनुप्रास आदि में अपना प्रतिद्वन्द्वी नहीं जानता। वैसे तो बहुत पुराने जमाने से ही समस्या-पूर्ति, श्लेष और यमक के कौशल दिखाने में कवि अपनी चरितार्थता मानता था पर ८वीं शताब्दी के बाद ये उसके प्रधान कवि-कर्म हो गए। समस्या-पूर्ति के कौशल की पटुता दिखाना उन दिनों लोकप्रिय हो गया था। कवियों के नाम पर चलने वाली कहानियों में ये बातें भरी पड़ी हैं। और तो और, कालिदास को भी समस्या-पूर्ति में उस्ताद बताया गया है। एक कहानी में तो उनकी मृत्यु का कारण भी एक समस्या-पूर्ति को ही बताया

गया है। कहा जाता है कि सिंहल के राजा कुमारदास ने किसी वेश्या के घर की दीवाल पर एक श्लोक का आधा हिस्सा लिख दिया था और पूर्ति करने वाले को प्रचुर इनाम देने की घोषणा कर दी थी। आधा श्लोक इस प्रकार था—

कमले कमलोत्पत्तिः। श्रूयते न च दृश्यते।

(कमल में कमल की उत्पत्ति न तो सुनी गई और न देखी गयी।)

कालिदास ने पूर्ति करके आधा श्लोक इस प्रकार लिख दिया—

बाले तव मुखाम्भोजे कथमिन्दीवर द्वयम्।

(फिर हे बाले, तुम्हारे मुखकमल में दो नीलकमल कैसे?)

स्वयं पुरस्कार-प्राप्ति के लोभ से उस वेश्या ने कालिदास को मरवा दिया था। यह कहानी सच हो या नहीं, उन दिनों के कवियशः प्रार्थिता की भोंड़ी तस्वीर हमारे सामने अवश्य उपस्थित कर देती है। यह भी ध्यान देने की बात है कि जिस कविता को बहुत उत्तम और पुरस्करणीय समझकर यह सब अनर्थ की बात की कल्पना की गई वह नेत्रों के साथ नीलकमल के रूढ़ उपमान के सहारे टिकी हुई है। इस प्रवृत्ति के कारण रूढ़ उपमानों, कवि-समय और साध्य-वसाना लक्षणा द्वारा गृहीत उपमेयों के प्रयोग खुलकर हुए। अनेक प्रकार के कविसमय इतने बद्धमूल हो गए कि परवर्ती काल के कवियों के मन में उनके बारे में कभी संदेह का उदय ही नहीं हुआ। चक्रवाक् का जोड़ा रात को बिछुड़ जाता है, चकोर आग चुगता है, चातक स्वाती के पानी के लिए रट लगाता है, हंस नीर और क्षीर को अलग-अलग कर देता है, अशोक सुन्दरियों के बाएं चरण के आघात से खिल उठता है, कीर्ति और हास का रंग सफेद होता है, अनुराग का रंग लाल होता है, इत्यादि। फिर कथानक रूढ़ियों का भी एक विशाल बन खड़ा हो गया।

मुक्तक काव्य में कवि का नैपुण्य

यमक और श्लेष संस्कृत भाषा की निजी विशेषताएं हैं, जिन्हें प्राकृत और अपभ्रंश में भी लाने का प्रयास किया गया है। परन्तु संस्कृत कवि के नैपुण्य तक अन्य भाषाओं के कवि नहीं पहुँच पाये। इस भाषा ने सुगठित व्याकरण और सुव्यवस्थित छन्दः शास्त्र, शाब्दों, उपमाओं और समस्योक्तियों का विपुल साहित्य दिया है, जो अन्यत्र दुर्लभ है। काव्य-शिक्षा ने कवियों को अनेक ऐसे

कौशलों का अधिकारी बनाया, जिसकी तुलना किसी अन्य भाषा के साथ करना कठिन है।

काव्य-शिक्षा पर बल देने का परिणाम

काव्य-शिक्षा पर जोर देने का परिणाम होता है एक प्रकार की निर्वैयक्तिक कारीगरी (इम्पर्सनल टेकनीक) का व्यापक प्रसार। यह किस प्रकार होता है, इस पर थोड़ा विचार किया जाय। हर कला के कलाकार को कुछ-न-कुछ शिक्षा ग्रहण करनी होती है और आरम्भिक शिक्षा का एक मुख्य अंग होता है प्रतिष्ठित कवियों या कलाकारों की कृतियों का अनुकरण। किसी भी कलाकार की रचना का विचार करने के लिए दो तत्त्वों की मीमांसा आवश्यक होती है। एक है उसका स्थिर (स्टैटिक) तत्त्व, जिसका अर्थ होता है बाह्य जगत का वह पदार्थ जो कलाकार का वक्तव्य बनता है। दूसरा तत्त्व है उसका गतिशील पक्ष, जिसका अर्थ होता है रचनाकार की मानसिक प्रक्रिया। अनुकरण के समय स्थितिशील तत्त्व पूर्ववर्ती रचनाकारों की श्रेष्ठ अनुकृतियाँ होती हैं। स्थिर होने के कारण और अन्यान्य स्थिर वस्तुओं की तुलना में अधिक स्थितिशील होने के कारण ही वे 'प्रतिष्ठित' कही जाती हैं। कलाकार शिक्षा समाप्त करने के बाद यदि उनसे अभिभूत हो जाता है तो वह बड़ी चीज़ नहीं दे सकता। क्योंकि उसमें जो गतिशील सर्जन प्रक्रिया है, वह कुण्ठित हो जाती है। जो वस्तुएँ प्रतिष्ठा प्राप्त कर गई होती हैं अर्थात् प्रतिष्ठित हैं उनका लोकचित्त पर सिक्का जमा रहता है। नया रचनाकार प्रतिष्ठित कृतियों से कुछ अलग हटे बिना नई प्रतिष्ठा नहीं पाता। कालिदास ने रामायण और महाभारत से सामग्री लेकर भी उसमें कुछ नवीनता ले आने का प्रयास किया था। प्रतिष्ठित कृतियों का अनुकरण मात्र किसी को बड़ा नहीं बनाता। रचनाकार की सर्जनात्मक शक्ति जब कुछ नया देने का प्रयत्न करती है तो प्रतिष्ठित कृति के प्रति प्रतिक्रिया, विद्रोह और क्रांति करती है। प्रतिक्रिया, विद्रोह और क्रान्ति की मात्रा के अनुसार ही नये रचनाकार की महिमा में तारतम्य आता है। जहाँ तक कवि का प्रश्न है, नई रचना केवल कवि की उस सावधानी से, जो कही हुई बात को अधिक चामत्कारिक ढंग से उपस्थित करने के लिए बरती जाती है, बड़ी नहीं होती बल्कि नये विचारों और पद्धतियों को अपनाने तथा प्रेषणीय वस्तु को अधिक सशक्त और महान बनाने से होती है। धर्मकीर्ति नामक एक कवि की रचना सुभाषितों में मिलती

है। ये कदाचित् बौद्ध नैयायिक धर्मकीर्ति (७वीं शताब्दी) से अभिन्न थे। इनकी शिकायत है कि 'बाल्मीकि ने बानरों द्वारा लाए गए पत्थरों से समुद्र बँधवा दिया और व्यास ने यही काम अर्जुन के बाणों से करा दिया तो भी कोई यह नहीं कहता कि उन्होंने अत्युक्ति की है। इधर मैं जो प्रबन्ध लिखता हूँ उसमें वाक् और अर्थ को इस प्रकार सम्हालकर लिखता हूँ मानो तराजू में तौलकर लिखे गए हों, फिर भी दुनिया इनकी निन्दा करने के लिए मुंह बाए रहती है। प्रतिष्ठे, तुझे नमस्कार :—

शैलेर्बन्धयति स्म बानरहृतैर्वल्मीकिरम्भोनिधिं
व्यासः पार्थशरैस्तथापि न तयारत्युक्तिरुद्भाव्यते।
वागर्थौ च तुलाधृताविव तथाऽप्यस्मत्प्रबंधानयं
लोको दूसयति प्रसारितमुखस्तुभ्यं प्रतिष्ठे नमः ।।

यह शिकायत प्रतिष्ठा के वास्तविक रूप को न पहचानने के कारण है। यहाँ कवि की प्रतिक्रिया केवल युक्तियुक्त बात कहने मात्र में है। सो भी, रामायण या महाभारत के विराट काव्यार्थ से बिल्कुल विच्छिन्न खंडोक्तियों के आधार पर।

आलोच्यकाल के कवियों ने इस गतिशील सर्जनप्रक्रिया की ओर बिल्कुल ध्यान नहीं दिया। वे उक्तियों को सँवार कर चमत्कारपूर्ण बनाने का प्रयत्न करते रहे और नवीनता के नाम पर स्थितिशील तत्त्व के माँजने-घिसने में जुटे रहे। गतिशील पक्ष के प्रबल होने से व्यक्तिगत रचनात्मक प्रतिभा में निखार आता है और स्थितिशील तत्त्व के अनुकरण या सँवार में निर्वैयक्तिक कारीगरी में नैपुण्य प्राप्त होता है। ९वीं शताब्दी के बाद के संस्कृत साहित्य में इसी निर्वैयक्तिक कारीगरी की निपुणता मिलती है। इसमें उक्तियों को माँज-घिसकर आकर्षक बनाने का प्रयास तो है, पर नया मार्ग खोजने या नया काव्यार्थ उद्भावन का प्रयत्न नहीं है।

राजसभा

थोड़ा राजसभा को भी समझने का प्रयास किया जाय। मैंने अन्यत्र इस विषय पर अधिक विस्तार से लिखा है। उस काल के ग्रन्थों में राजसभाओं का जो वर्णन पाया जाता है वह यद्यपि एक प्रकार के काव्य-विनोदों से परिपूर्ण है, फिर भी उसमें उक्ति-वैचित्र्य को या कौशल-विशेष को ही अधिक सम्मान

प्राप्त होता था। कादम्बरी में कविवर बाणभट्ट ने एक राजसभा का बड़ा जीवन्त वर्णन दिया है। जब राजा सभा में उपस्थित होता तब तो बड़ी शान्ति रहती थी, पर राजा के न रहने पर लोग असंयत हो उठते थे। कादम्बरी के वर्णन के अनुसार जब राजा सभा में उपस्थित नहीं थे, तब सामन्तों में से कुछ लोग पासा खेलने के लिए कोठे खींच रहे थे, कोई पासा फेंक रहे थे, कोई वीणा बजा रहे थे, कुछ लोग चित्रफलकों पर राजा की प्रतिमूर्ति आँक रहे थे, कुछ लोग काव्यालाप में मस्त थे, कुछ हँसी-दिल्लगी में मशगूल थे, कुछ लोग विंदुमती नामक विनोद से उलझे हुए थे (अर्थात् बहुत से विंदुओं में आकार-उकार आदि मात्राएँ लगा दी गई थीं और इस पर से वे पूरे श्लोक का उद्धार करने का प्रयत्न कर रहे थे), कुछ लोग प्रहेलिका नामक काव्य-भेद का रस ले रहे थे, कुछ राजा के बनाये हुए श्लोकों की चर्चा कर रहे थे, कुछ जो अधिक ढीठ थे, दरबार के मनोविनाद के लिए आई हुई स्त्रियों से रसालाप में लगे हुए थे और कुछ चतुर लोग बन्दीजनों से राजा के पूर्व पुरुषों की यशोगाथा सुन रहे थे। इस वर्णन से जान पड़ता है कि दरबार में काव्य-विनोद की रुचि थी, परन्तु वह काव्य-विनोद विंदुमती, प्रहेलिका चित्र आदि काव्यों की श्रेणी का था। उन दिनों का दरबारी इन बातों में रस ले सकता था और कवि से इस प्रकार के विनोद में सहायक होने की आशा भी रखता था। वस्तुतः राजसभा में सात अंगों की प्रधानता उन दिनों निर्विवाद रूप से स्वीकार कर ली गई थी। ये सात अंग हैं १—विद्वान, २—कवि, ३—भाट, ४—गायक, ५—मसखरे, ६—इतिहासज्ञ और ७—पुराणज्ञ।

विद्वांसः कवयो भट्टा, गायकाः परिहासकाः।
इतिहास-पुराणज्ञाः सभच्च सप्तांगसंयुता॥

ऐसी ही रुचि वाली सभा का सामना कवि को करना पड़ता था। पुराने जमाने में राजा लोग कवि-सभा का आयोजन भी करते थे और उनमें कवियों की परीक्षा हुआ करती थी। वासुदेव, सातवाहन, शूद्रक और साहसांक आदि राजाओं ने यह परम्परा चलाई थी और परवर्ती राजा लोग इस महत्त्वपूर्ण परम्परा को पोषण देते आए। कवियों की नाना भाव से परीक्षा होती थी। कोई कविता चुरा न ले, इसका भी डर बना रहता था और इसीलिए यह आवश्यक था कि कवि अपनी रचना समाप्त करने के बाद राज-सभा में सुनाकर उसपर अपनी मुहर लगवा दे। राजशेखर ने बताया है कि जब तक काव्य पूरा न हो तब तक दूसरों

के सामने उसे नहीं पढ़ना चाहिए। इसमें यह डर बना रहता है कि सुनने वाला उस काव्य को अपने नाम से चला देगा, फिर कौन गवाही देगा कि किसकी रचना है। इतनी सावधानी बरतने पर भी कभी-कभी धोखा खाना पड़ता था। प्रबन्ध-कोष में हर्ष कवि के वंशधर हरिहर कवि की एक मनोरंजक कथा दी हुई है। ये जब गुजरात के राजा वीरधबल के यहाँ गए थे तो वहाँ स्वयं न उपस्थित होकर अपने एक विद्यार्थी के द्वारा राजमन्त्री और राजकवि सोमेश्वर को आशीर्वाद भिजवाया। राजा और मन्त्री ने आशीर्वाद स्वीकार कर लिया पर सोमेश्वर बुरा मान गए। उन्हें हरिहर का आचरण हिमाकत जैसा लगा। राजकवि सोमेश्वर के इस मनोभाव को हरिहर ने गाँठ बाँध ली। दूसरे दिन राजसभा में जब सोमेश्वर ने राजा के एक प्रासाद पर खुदवाने के लिए लिखे हुए १८ श्लोकों का पाठ किया तो हरिहर ने कहा कि ये श्लोक पुराने हैं और महाराज भोज के प्रासाद पर खुदे हुए हैं। पढ़कर सारे श्लोक सुना भी दिए। सोमेश्वर तो इस अपवाद से पानी-पानी हो गए। उनका मुँह पीला पड़ गया। उनकी भद्द उड़ गई। कवि के सम्मान को इस प्रकार एक ही धक्के में गिराकर विजयी हरिहर चले आये। लेकिन श्लोक सचमुच ही सोमेश्वर के थे। जब वे फिर हरिहर के शरणापन्न हुए तब हरिहर कवि ने रहस्य खोला। हरिहर बड़े मेधावी थे। एक बार सुनकर ही श्लोक याद कर लेते थे। राजा वीरधबल से उन्होंने अपनी चतुरता की बात बताकर सोमेश्वर की मान-रक्षा की। राजसभा में कवियों की प्रतिस्पर्धा की कहानियों से पुराना साहित्य भरा पड़ा है। ये कहानियाँ सिद्ध करती हैं कि कवि को धन और कीर्ति प्राप्त करने के लिए राजसभा का बड़ा ध्यान रखना पड़ता था।

काव्यपाठ का महत्त्व

गोष्ठी या राजसभा में काव्यपाठ का महत्त्व काव्य-रचना से भी अधिक होगा। क्योंकि, जैसा कि राजशेखर ने बताया है, सुसंस्कृत आदमी चाहे तो कविता कुछ-न-कुछ बना ही लेगा पर पढ़ना तो वही जानता है जिसको सरस्वती सिद्ध होती है। 'करोति काव्यं प्रायुण संस्कृतात्मा वथ तथा पठितुं वेत्ति स परंयस्य सिद्धा सरस्वती।' जान पड़ता है कि परवर्ती काल में विवटाक्षरवन्ध और घटाटोपमयी पदावली में बड़े-बड़े छन्द लिखने की प्रथा चल पड़ी। उसका एक कारण यही था कि ऐसी पदावली पढ़ने में खूब जमती है।

काव्यकला

इन बातों को ध्यान में रखने से उस युग के काव्य-प्रयत्नों को आसानी से समझा जा सकता है। काव्य को बहुत पहले से ही कला समझा गया था। श्री ए० वेंकट सुब्वैया ने भिन्न-भिन ग्रंथों से संग्रह करके 'कलाज़' नाम की एक छोटी-सी पुस्तिका प्रकाशित कराई है। उक्त पुस्तिका में संगृहीत सूचियों को देखने से जान पड़ता है कि कला उन सब प्रकार की जानकारियों को कहते थे, जिसमें थोड़ी भी चतुराई की आवश्यकता हो। सो व्याकरण. छंद, न्यास, ज्योतिष, आदि भी कला है, काव्य, नाटक, आख्यायिका, समस्यापूर्ति, बिंदुमती, प्रहेलिका आदि भी कला है। स्त्रियों का शृंगार करना, कपड़ा रँगना, चोली सीना और सेज बिछाना भी एक कला है। रत्न और मोतियों का पहचानना, घोड़ा, हाथी, पुरुष, स्त्री, छाग, मेष, कुक्कुट, आदि का लक्षण भी कला है। प्राचीन ग्रन्थों से जान पड़ता है कि कई कलाएँ पुरुषों के योग्य समझी जाती थी, यद्यपि कभी-कभी गणिकाएं भी उनमें इतनी निपुण हो जाया करती थीं जितने कि पुरुष। गणित, दर्शन, युद्ध, घुड़सवारी आदि ऐसी ही कलाएँ हैं। कुछ कलाएँ विशुद्ध कामशास्त्रीय हैं। वात्स्यायन के कामसूत्र में पंचाल की कलाएँ बताई गई हैं, वे ऐसी ही हैं। परन्तु स्वयं वात्स्यायन की अपनी सूची में जिन चौसठ कलाओं की चर्चा है, उनमें लगभग एक-तिहाई ऐसी हैं, जिन्हें काव्यशास्त्रीय विनोद कह सकते हैं। बाकी में कुछ तरुण दम्पत्तियों की विलास-क्रीड़ा में सहायक हैं, कुछ मनोविनोद के साधक हैं और कुछ दैनिक प्रयोजनों के पूरक भी हैं। यदि पंचाल और यशोधर की बात छोड़ दी जाय तो प्राचीन ग्रन्थों में प्राप्त ६४ या ७२ कलाओं में काव्यशास्त्रीय विनोदों का स्थान बहुत प्रमुख है। बाद में तो कला का अर्थ केवल कौशल ही मान लिया गया। सुप्रसिद्ध कवि क्षेमेन्द्र ने अपने कला-विलास में गणिकाओं के धनापहरण के कौशलों को, गवैयों के हथकण्डों को, गणकों की धूर्तताओं को कला में ही गिना है। इसमें काव्य-कला को कोई स्थान नहीं दिया गया। इस काल के कविजन अपने को कला-कोविद मानने में गर्व अनुभव करने लगे थे। काव्य का एक कौशल हो जाने से काव्य को स्वरूप प्रदान करते समय कवि को अपने वाक्-कौशल का प्रदर्शन करना पड़ता था। वहाँ कविता यदि वचन की वक्रभंगिमा का या अलंकार-विलास का रूप धारण कर ले तो कुछ आश्चर्य की बात नहीं है।

काव्य के जिन अंगों को कला माना गया है वे उक्तिवैचित्र्य या प्रहेलिका विन्दुमती जैसे कौशल-परक प्रयासों या समस्यापूर्ति जैसी प्रत्युत्पन्न-बुद्धि की दक्षता से सम्बद्ध हैं। इनमें आशुकवित्व का भी महत्त्वपूर्ण स्थान है। सच तो यह है कि ये कविता से कम और कवि-कौशल से अधिक सम्बन्ध रखती हैं। उनका उद्देश्य मनोरंजन या विनोद है। ऐसी ही काव्य-कृतियों को ध्यान में रखकर कहा गया था कि 'काव्यशास्त्र विनोदेन कालोगच्छति धीमताम्।'

ये कलात्मक विनोद मध्यकालीन सहृदय के एक वर्ग की साहित्यिक चेतना को स्पष्ट करते हैं।

आशुकवित्व और प्रत्युत्पन्नमतित्व

मध्ययुग में आशुकवित्व अर्थात् किसी विषय पर तुरंत कविता बना लेने का बड़ा सम्मान था। कई कवियों की प्रशंसा में जो कहानियाँ गढ़ी गई हैं, उनमें दो बातों के लिए कवियों की बड़ी प्रशंसा की गई है। एक तो तुरन्त कविता बना लेने की और दूसरी प्रत्युत्पन्न बुद्धि वा हाज़िरजवाबी की। मदन और हरिहर दोनों प्रतिस्पर्धी कवि थे। राजा ने नियम बना दिया था कि एक की उपस्थिति में दूसरा न जाने पावे, क्योंकि झगड़ा हो जाने की संभावना बनी रहती थी। एक बार संयोंग से जब हरिहर कविता सुना रहे थे उसी समय मदन पहुँच गए। आते ही उन्होंने गुस्से से कहा—'हरिहर-परिहर गर्वं कविराजगजांकुशो मदनः' (हरिहर गर्व छोड़ो, कविराज रूपी हाथियों का अंकुश मदन आ गया) ज़रा भी झिझके बिना हरिहर ने उत्तर दिया—'मदन विमुद्रय वदनं हरिहर चरितं स्मरातीतम्।' (मदन, मुँह बंद करो हरि और हर का चरित मदन के बूते के बहार है) सो, ठन गई दोनों कवियों की। अन्त में राजा ने जब एक नारियल पर सौ-सौ श्लोक लिखकर सबसे पहले देने वाले को श्रेष्ठ कवि घोषित करके विवाद को हमेशा के लिए समाप्त कर देना चाहा तो मदन ने थोड़ी ही देर में सौ श्लोक दे दिए, हरिहर तब तक साठ ही पहुंचे थे। मगर हारने वाले कोई और ही होते हैं। हरिहर ने तपाक से श्लोक पढ़ा—अरे गँवार जुलाहा, ये गँवारिनों के लिए सौ-सौ लुगड़ियाँ बुन-कर क्या मशक्त कर रहा है। एक कोई ऐसी साड़ी बुन जिसे बड़े-बड़े राजाओं की प्रियाएँ क्षण-भर के लिए अपने वक्षःस्थल से हटाना गवारा न कर सकें।

रेरे ग्रामकुविंद कन्दलतया वस्त्राण्यमूनित्वया ।
गोणीविभ्रममाजनानि शतशोऽप्यात्मा किमायास्यसे
अप्येकं रुचिरं किमप्यभिनवं वासस्तदा सूत्र्यतां
यन्नोज्झन्ति कुचस्थलात् क्षणमपि क्षोणीभृता वल्भाः ।

पाणिनीय व्याकरण की महिमा

इस प्रकार की लाग-डाँट और हाज़िर-जबाबी की कहानियों से संस्कृत का परवर्ती साहित्य भरा पड़ा है। पाणिनीय व्याकरण की प्रतिष्ठा मध्यकाल में बहुत बढ़ गई थी। इस व्याकरण की अच्छी जानकारी संस्कृत कवि के लिए प्रशंसनीय मानी जाती थी। बहुत से कवि इस व्याकरण की पटुता के कारण ख्याति पा जाते थे। इस सुचिन्तित और सुव्यवस्थित व्याकरण का ही प्रसाद था कि अनेक प्रकार की क्रियागुप्ति, कारकगुप्ति आदि प्रहेलिकाओं का खूब प्रचार हुआ। कभी-कभी पाणिनि के कहे हुए अप्रचलित प्रयोगों के व्यवहार के कारण कवि की खूब प्रशंसा हुई है। राजा भोज ने किसी ग्रामीण ब्राह्मण से पूछा 'नद्यां कियज्जलं विप्र' (नदी में कितना पानी है, ब्राह्मण देवता)? उसने तपाक से उत्तर दिया 'जानुदघ्नं नराधिप' (जंघे तक महाराज)। यहाँ दघ्नच् प्रत्यय का प्रयोग है, जो केवल व्याकरण की पोथी में ही सुरक्षित है। इस अप्रचलित प्रत्यय के प्रयोग के कारण ही राजा भोज प्रसन्न हुए थे और गरीब ब्राह्मण प्रचुर पुरस्कार पाने में समर्थ हुआ था।

संस्कृत कवि की निपुणता नीति-श्लोकों में प्रकट होती है। आलोच्य काल के कवियों ने नीति और अन्योक्तियों का ऐसा मार्मिक साहित्य रचा है कि संसार में वह इस विषय में अपना प्रतिद्वंद्वी नहीं जानता। जीवन के उतार-चढ़ाव के सैकड़ों-सहस्रों अनुभवों को इन नीति-वाक्यों में संचित करके रख दिया गया है। अन्योक्तियों का साहित्य इस युग की साहित्यिक चेतना का विशद दर्शन है।

इसी प्रकार उपास्य देवताओं की स्तुतिपरक रचनाओं का भी विशाल साहित्य है। इन स्तोत्रों पर जहाँ कवि श्रद्धा और भक्ति के अतिरेक से मनोहर काव्य-जगत का निर्माण कर सका है, वहीं उसने उपास्य को मानवीय स्तर पर भी ले आ दिया है। इन स्तोत्रों में देवताओं और देवियों के मानवीय ढंग की प्रेम-केलियों की उपेक्षा नहीं की गई, वरन् कहीं-कहीं अनावश्यक रूप से गाढ़ भी बना दिया गया है। स्त्रोतों में रह-रहकर शृंगार रस

का भाव फूट पड़ता है । बाणभट्ट का चण्डीशतक, मयूर का सूर्यशतक, शंकराचार्य का कहा जाने वाला देव्यपराध क्षमापनस्तोत्र आदि अलंकृत काव्य-शैली में लिखे गए उत्तम काव्य हैं । कभी-कभी इन भक्तिभावित स्तोत्रों में भी देवी आदि के अंगसौष्ठव का वर्णन इस प्रकार कर दिया गया है, जिसे आज का कवि करने में कदाचित् संकोच करेगा और यदि ऐसा वर्णन करे भी तो आज का सहृदय उसे बहुत आदर नहीं देगा । बाणभट्ट के चण्डीशतक का यह श्लोक देखिए—

चक्षुर्दिक्षुयत्याश्चलित कमलिनी चारु कोषाभिताम्ने
भद्रं ध्यानानुपातं झटितिवलयिनो मुक्तवाणस्य पाणोः ।
चण्ड्याः सव्यायस व्यं सुर रिपुषु शरान् प्रेरयन्त्या जयन्ति
त्रुट्यान्तः पीन भागे स्तनवलन भयात् सन्धयः कंचुकस्य ।।

— चण्डीशतक ७१

देवी चण्डी युद्ध कर रही हैं, वे अपनी कमलयन जैसी लाल-लाल आँखें चारों ओर दौड़ा रही हैं । उनका ध्यान लक्ष्य पर टिका हुआ है, दाएँ-बाएँ चारों ओर असुरों पर तेजी से बाण फेंकते समय उनकी भुजाएँ बार-बार कुण्डलित हो रही हैं और स्तनमण्डल के चंचल होते रहने के कारण उनकी चोली के बंद पयोधरों के पीन भाग पर तड़ातड़ टूट रहे है । देवी की चोली के टूटते हुए बंद तुम्हारी रक्षा करें ।

इन स्तोत्रों में भी उस युग के कवि की निरंकुशता का आभास मिल ही जाता है । परन्तु इन रचनाओं का मुख्य गुण इनका नादसौंदर्य है । वर्णों की अविरल मैत्री, शब्दातीत अर्थ की व्यंजना करती है और अभिधेयार्थ को बहुत पीछे छोड़ जाती है । नगण्य से अर्थ को भी कवि की वर्ण-योजना अद्भुत महिमा प्रदान करती है । यह प्रवृत्ति उत्तरोत्तर बढ़ती गई है और आगे चलकर कई कवियों ने अर्थतत्त्व को बहुत ही निस्तेज कर दिया है । काव्यप्रकाशकार मम्मट भट्ट ने गंगा की स्तुति में कहे हुए जिस श्लोक को चित्रकाव्य कहकर उपेक्षणीय माना था उसके यदि इस पदसंघटना से उत्पन्न करने वाले शब्दातीत तत्त्व के प्रकाशक के रूप में देखा जाय तो कुछ अच्छा भी हाथ लग सकता है । श्लोक इस प्रकार शुरू होता है—

स्वच्छन्दोच्छदच्छ कच्छ कुहराच्छातेतरच्छटा

और फिर अनुप्रासों का ठाट बँध जाता है । वस्तुतः इस प्रकार की ध्वनि-चमत्कार वाली रचनाएँ उन दिनों काफी लोकप्रिय थीं ।

निरंकुश भाव

वस्तुतः मध्ययुग के संस्कृत कवियों के मन में शृंगार रस का बड़ा मान है। निःसंदेह प्रेम की विविध अवस्थाओं की व्यंजना में वे बहुत ही अधिक सफल हुए हैं। परन्तु कामशास्त्रीय ग्रन्थों ने उन पर काफी असर छोड़ रखा था। इसीलिए शारीरिक—विशेषकर कामोत्तेजक अंगों के—सौंदर्य का उन्होंने जमकर वर्णन किया है। ऐसी अवस्थाओं का भी उन्होंने खुलकर वर्णन किया है, जिनकी चर्चा आधुनिक काल की रुचि के बहुत अनुकूल नहीं है। कोई भी बहाना मिल जाय, शृंगार की चर्चा अवश्य की जाएगी। उपास्य देवी-देवताओं की विलास-कलाओं का भी उन्होंने जम के वर्णन किया है। आलोच्यकाल में देवियों और देवताओं के नाम पर लिखे गए स्तोत्रों में भी शृंगार-केलियों का वर्णन रस लेकर किया गया है। इस काल में कवियों को निरंकुश कहकर प्रशंसा करना आम बात थी। कभी-कभी ऐसी कहानियाँ मिलती हैं, जिनमें इस निरंकुशता की सीमा पार कर दी गई है। मयूर कहानियों के अनुसार, बाणभट्ट के श्वसुर थे। एक दिन वे बाणभट्ट के घर पर रात को पहुँचे, पुत्री और दामाद से मिलने के लिए। देर हो गई थी, इसलिए बाहर ही पड़े रह गए। उधर घर में बाणभट्ट की पत्नी अर्थात् मयूर की पुत्री ने मान रचा रखा था। बाणभट्ट यथानियम मनाते जा रहे थे। हाथ जोड़े, पैरों पड़े, खुशामद की, मगर प्रिया का मान भंग नहीं हुआ। रात बीतने को आई। बाणभट्ट वैसे तो गद्य के ही प्रवीण कवि थे पर ऐसे मौके पर गद्य से काम नहीं बनता, सो, पद्य की भाषा में ही कहने लगे—

> **गतप्राया रात्रिः कृशतनु शशी सीदत इव।**
> **प्रदीपोऽयं निद्रावशमुपगतः घूर्णितशिराः॥**
> **प्रणामान्तो मानस्तदपि न जहासि क्रुधमहो—**

हे कृशतनु, रात बीत गई है, चन्द्रमा भी कष्ट सा पाने लगा है, इस प्रदीप को भी जैसे नींद आने लगी है और झीमने लगा है। सुन्दरियों का मान प्रणामान्त हुआ करता है : अर्थात् पैरों पर पड़ने पर खतम हो जाया करता है, फिर भी अभी तक तुम्हारा गुस्सा नहीं गया यह कितने आश्चर्य की बात है।

गद्य का कवि तीन चरणों तक तो श्लोक घसीट ले गया। चौथे में उसकी वाणी अटक गई। आगे क्या कहे, कुछ सूझा ही नहीं। दो-तीन बार तीसरा

चरण पढ़-पढ़कर रुक जाता था। उधर श्वसुरजी सुन रहे थे। कवि थे, झुंझलाकर चौथा चरण बोल उठे।

कुचप्रत्यासत्त्या कठिनमपि ते चण्डि हृदयम्।

हे चण्डि, गुस्सावर ख़ातून, कठोर वक्ष स्थल के निकट रहने के कारण तेरा हृदय भी कठोर हो गया है।

मयूर कवि समस्यापूर्ति के दंगल के निपुण खिलाड़ी रहे होंगे। मौका मिलते ही पूर्ति कर दी। पर बेटी ने उन्हें क्षमा नहीं किया। कुष्ठ रोगी होने का शाप पाकर मयूर घर लौटे। मगर कविता करने का अवसर उन्होंने अपने हाथ से नहीं जाने दिया। निरंकुश होने का गौरव तो उन्हें मिल ही गया। यह श्लोक सुभाषितावलि में मिलता है। चौदहवीं या तेरहवीं शताब्दी में मयूर और वाण के नाम पर यह कहानी बन चुकी थी। घटना सही है या नहीं, यह सवाल नहीं है। मुख्य बात यह है कि इस प्रकार के साहित्यिक बोध का आभास मिलता है। कालिदास के बारे में भी शिव-पार्वती के विलास केलि के वर्णन के लिए शापग्रस्त होने की कहानी मिलती है। भोज प्रबंध, प्रबंधचिन्तामणि, प्रबंध कोश आदि में कवियों की प्रगलभता की कहानियाँ भरी हैं। उपास्य देवताओं की शृंगार लीला-वर्णन की मनोवृत्ति उस समय चरमावस्था को पहुँची दिखाई देती है, जब गाहरवार नरेशों के अभिलेखों में नियमतः मंगलाचरण का प्रथम श्लोक इस प्रकार लिखा मिलता है—

अंकुठोत्कंठवैकुंठकंठपीठलुठत्करः।
संरम्भः सुरतारंभे सश्रियः श्रेयसे स्तुवः।

(गोविंदचन्द्र का कमौली लेख, विजयचंद्र का कमौली लेख)

अनुवाद नहीं करूँगा। ख़तरा है कि आप अनुवाद सुनने के बाद मेरे विरुद्ध ऊपर को शिकायत लिख भेजेंगे—इस सर्वस्वीकृत नियम के बावजूद भी कि अनुवादी न दोषभाक्।

यह प्रवृत्ति इन अभिलेखों में अपनी चरम सीमा पर पहुँची मिलती है।

मेरे कहने का तात्पर्य यह नहीं है कि शृंगार रस को काव्य में स्थान मिलना अनुचित है। मैं तो सिर्फ उन दिनों के सुसंस्कृत लोगों के साहित्यिक रसबोध की प्रवृत्ति की ओर इशारा करना चाहता हूँ। काव्य में इस प्रकार की उत्तान शृंगारिक मनोवृत्ति आधुनिक युग के पूर्व तक चलती रही। इस प्रकार का मनोभाव काम और रस या शरीर और मन की अनुभूतियों का ठीक-ठीक

सामंजस्य न रखने के कारण उत्पन्न होता है। हिन्दू धर्मशास्त्रों में जिसे त्रिवर्ग कहा गया है उसके अन्तिम दो अर्थात् काम और अर्थ को धर्म के विरुद्ध नहीं जाना चाहिए और न ही काम को अर्थ के विरुद्ध जाना चाहिए। तभी इनमें भारसाम्य (बैलेन्स) की रक्षा होती है। अन्तिम विश्लेषण के बाद यह पाया जायेगा कि व्यक्ति-मनुष्य पूरे समाज की एक इकाई है। उसका कोई भी कार्य ऐसा नहीं होना चाहिए जो सामाजिक मंगल के विरुद्ध पड़े। लेकिन साथ ही उसे अपने परिवार और स्वयं की आवश्यकताओं की भी पूर्ति करनी है। अर्थ उसकी पारिवारिक आवश्यकताओं की पूर्ति करता है और काम उसके व्यक्तिगत प्रयोजनों की। जब भी कोई बात किसी व्यक्ति के लिए कर्तव्य बताई जाती है तभी यह देखा जाता है कि उसकी व्यक्तिगत वासनाएँ पारिवारिक या सामाजिक कल्याण के विरुद्ध न जायें। ये बन्धन नैतिक दृष्टि से अपेक्षित हैं। प्रायः नैतिक और सौन्दर्यशास्त्रीय दृष्टिकोणों में विरोध उपस्थित होने की बात कही जाती है। यदि कवि शारीरिक स्तर पर किसी आनन्द का अनुभव करता है और उस आनन्द को दस और भले आदमियों के उपभोगों योग्य रूप देता है तो इसमें दोष क्या है। हम रस-सम्बन्धी अपने व्याख्यान में इस प्रश्न को उठायेंगे। यहाँ केवल इतना कहकर ही समाप्त करते हैं कि आलोच्य काल में कामशास्त्रीय और काव्यशास्त्रीय विचारों में वैषम्य उत्पन्न करने योग्य गड़बड़ी सहृदय समाज में जम गई थी।

मैंने आलोच्यकाल के सहृदयों की साहित्यिक संवेदना दिखाने के लिए अब तक अधिकतर मुक्तक काव्य का ही सहारा लिया है। इस युग के साहित्य में काव्यशिक्षा पर बल दिया गया था और संस्कृत जैसी सुव्यवस्थित भाषा के साहित्य-शब्दों का सुन्दर उपयोग किया गया था। यद्यपि ये कवि बहुत बड़ी चीज नहीं दे सके हैं तथापि इनका प्रयास नितान्त निम्नकोटि का नहीं है। पश्चिमी विद्वान भी यह मानते हैं। श्री कीथ ने कहा है—"संस्कृत कवियों को एक ऐसी भाषा पर अधिकार प्राप्त था, जिसमें अपने सर्वोत्तम रूप में अवस्थित ग्रीक भाषा से भी अधिक सुन्दर ध्वनिगत प्रभाव उत्पन्न किए जा सकते थे। वे लोग अत्यधिक जटिल किन्तु उल्लेखनीय सुन्दरता वाले छन्दों में सफलतापूर्वक रचना कर सकते थे और साथ ही ध्वनि का अर्थ के साथ सामंजस्य उपस्थित करने में वे अनुभवी एवं दक्ष थे। इस अन्तिम कला का अभ्यास ग्रीक एवं रोमन कवियों ने भी समान रूप से किया है, किन्तु उसके पास इसके लिए उतने समुचित साधन न

थे और इस कला में सूक्ष्मता का निर्वाह भी वे कम कर पाए हैं । संस्कृत कवियों ने बहुधा अनुप्रास का आवश्यकता से अधिक प्रयोग किया है, किन्तु उसका प्रभावोत्पादक ढंग से प्रयोग करने की अपनी शक्ति में वे वरजिल से मिलते-जुलते हैं । अनुप्रास के प्रभावजनक प्रयोग का इस कला में वरजिल के अनुयायी विशेषत: लूकान उल्लेखनीय रूप से हीन पड़ते हैं । उपमा और रूपक के प्रति अपने अनुराग के कारण संस्कृत कवियों में कभी-कभी रुचि सम्बन्धी दोष आ गये हैं, और उनमें विवेचन शक्ति की सम्पन्नता और सौष्ठवयुक्त पदावली के प्रयोग की शक्ति दिखाई पड़ती है, जिसकी समता ग्रीक या लैटिन कविता में नहीं पाई जाती । इसके अतिरिक्त, भले ही हमें उनके श्लेष सहज में ही मन को उकताने वाले जान पड़ें, किन्तु इसमें कोई संदेह नहीं कि उन्हें प्राय: ठीक ही द्विविध औचित्य का निदर्शन बताया जाता है । अलंकारों का अत्यधिक प्रयोग भी बहुत कुछ भाषण-कला-सम्बन्धी उस ढंग से उत्कृष्टतर है, जिसका आरम्भ लैटिन कविता में वक्तृत्व कला की शिक्षा देने वाले विद्यालयों में व्याख्यानों के अभ्यास से हुआ था और जिसका जुवेनल ने इतना अधिक उपहास किया है ।"

इस प्रकार आलोच्यकाल के कवि ने अपने ही समय के उत्कृष्ट साहित्यिकों की तुलना में उच्चतर कोटि का साहित्य दिया है । परन्तु अपने देश के श्रेष्ठ साहित्य की तुलना में वे बहुत अच्छा नहीं दे सकते हैं ।

चौथा व्याख्यान

रस का व्यावहारिक अर्थ

यह तो भारतीय साहित्य का प्रत्येक विद्यार्थी जानता है कि रस काव्य का सर्वोत्तम सार है। आप किसी भारतीय विद्यार्थी से इसकी व्याख्या पूछकर देख सकते हैं। वह छूटते ही नौ रसों का नाम गिना देगा और यदि थोड़ा भी गहराई में उतरा होगा तो अनुभाव, विभाग, संचारी भावों की व्याख्या करके आपके धैर्य को आसानी से हिला देगा। परन्तु आप अगर उससे इन स्थायी संचारी भावों के उदाहरण पूछें तो आश्चर्य के साथ देखेंगे कि यद्यपि उसने रस नौ गिनाये हैं तथापि उदाहरण बराबर श्रृंगार रस के देता जाएगा। जिन पोथियों को उसने पढ़ा है, उसमें भी आपको यही बात मिलेगी। बीभत्स या शान्त या भयानक रस के एकाध उदाहरण भूले-भटके ही दिख पायेंगे। निःसंदेह इन ग्रन्थों और ग्रन्थाभ्यासियों के उद्‌धृत उदाहरण को देखकर आप इस नतीजे पर पहुँचेंगे कि यद्यपि सिद्धान्त रूप में नौ रस माने जाते रहे हैं पर सही बात यह है कि व्यवहार में अधिकांश लोगों ने श्रृंगार रस को ही 'रस' माना है। यह बात सुनने में आपको शायद अच्छी न लगे पर है सही। हमारे लिए यह बड़े काम की है, क्योंकि हम तो शास्त्रों के सिद्धान्त की बात करने नहीं चले हैं, हम तो लोक-जीवन के व्यवहार को ही समझने के प्रयासी हैं। परन्तु पुरानी पोथियों को थोड़ा ढूंढ़िये तो बड़ी आसानी से समझ में आ जाएगा कि नौ रसों वाली बात एक क्षेपक ही है और असल में दीर्घकाल से रस का अर्थ श्रृंगार ही समझा जाता रहा है। क्षेपक का भी अपना महत्त्व है। और उसी का प्रधान हो उठना तो निश्चित रूप से एक विशेष मनोवृत्ति का सूचक है।

किसी कवि ने जब कहा था कि काव्यशास्त्र के विनोद से बुद्धिमानों का काल कटता है (काव्यशास्त्र-विनोदेन कालोगच्छति धीमताम्)तो उसने एक अत्यन्त महत्त्वपूर्ण बात बताई थी। भारतवर्ष का एक जमाना ऐसा गया है जब बहुत से काव्य, विनोद के लिए लिखे गए थे। पुरानी पोथियों में काव्य के

अनेक उद्देश्य गिनाए गए हैं—वे यश के लिए, धन के लिए, व्यवहारज्ञान के लिए, अनिष्ट निवारण के लिए, मोक्ष के लिए और कान्ता-सम्मत उपदेश के लिए लिखे जाते हैं। पर यह नहीं कहा गया है कि वे विनोद के लिए या विलास के लिए भी लिखे गए हैं। परन्तु अगर ध्यान से विचार कर देखिये तो कवि को यश और धन काव्य से क्यों मिलते थे, निश्चय ही धनी लोगों से धन मिला करता होगा और साधारण जनता से यश। दोनों के ही व्यवहार में आने लायक चीज़ जब तक न हो तब तक दोनों ओर से सम्मानित होने का कोई हेतु नहीं है। वस्तुतः आलंकारिकों ने जो काव्य के उद्देश्य बताये हैं वह कवि को दृष्टि में रखकर, पाठक को नहीं। पाठकों की ओर से भी यदि उन्हें काव्य के उद्देश्य की बात कहनी होती तो वे निश्चय ही बताते कि काव्य दिल बहलाने के लिए, चतुर होने के लिए और नैतिक बल के दृढ़ीकरण के लिए बनते हैं। प्रस्तुत प्रसंग में हमें केवल इतने तक ही अपने को सीमित रखना है कि उस युग में मनुष्य-जीवन में काव्य-विनोद का बड़ा प्रभाव था। धनी और सम्भ्रान्त लोगों के अतिरिक्त अन्य बुद्धिमान लोग भी काव्य-रस का आस्वादन करते थे और वह 'रस' मुख्य रूप से शृंगार हुआ करता था। मैंने यह बात एक बार पण्डितों की एक मण्डली में कही थी। उस समय थोड़ी नाराज़गी भी प्रकट की गई थी। मुझे ऐसा लगा कि शृंगार रस को भारतीय काव्य का सर्वश्रेष्ठ प्रतिपाद्य मानने को कुछ विद्वान इसलिए अनुचित समझते थे कि उनकी दृष्टि में शृंगार रस निचली कोटि की स्त्रैण वृत्ति है। मैं आशा करता हूँ कि आप लोग इस प्रकार नहीं मानते। रस वस्तु, लौकिक घटनाओं का नाम नहीं है। परन्तु मैं अपनी बात और भी विशद रूप से समझाने का मौका आगे खोज निकालूँगा। यहाँ मैं 'रस' शब्द की प्राचीन परम्परा का विवेचन कर लेना चाहता हूँ। बिना ऐसा किए हम अपने अभिलषित रसलोक का ठीक-ठीक अन्दाज़ा नहीं लगा सकेंगे।

राजशेखर नामक कवि और आचार्य, कान्यकुब्ज के राजा महेन्द्रपाल (६०३-६०८) के उपाध्याय थे और इस बात का भी सबूत है कि उक्त राजा के पुत्र और उत्तराधिकारी महीपाल के भी सभा-पण्डित रहे। उनकी पत्नी अवन्तिसुन्दरी चौहान वंश की राजकन्या थी, वे पति के ही समान तीक्ष्णबुद्धि और प्रतिभाशालिनी थीं। राजशेखर को कवि और नाटककार के रूप में बहुत पहले से ही लोग जानते थे। कुछ दिन पहले उनका एक अत्यन्त महत्त्वपूर्ण

ग्रन्थ 'काव्य-मीमांसा' का एक अध्याय मिला है। बड़ौदा से निकलने वाली संस्कृत पुस्तकमाला में यह पुस्तक छप चुकी है। छप ही नहीं चुकी है उसके कई संस्करण भी हो चुके हैं। हिन्दी में भी इसके दो अनुवाद प्रकाशित हो गए हैं। काव्य-मीमांसा नाना दृष्टियों से अत्यन्त महत्वपूर्ण ग्रन्थ है। उसमें बहुत ज्ञातव्य बातें संगृहीत हैं, जो केवल काव्य के कल्पलोक के सिद्धान्त की ही खबर नहीं देती बल्कि व्यावहारिक जगत के समाचार भी देती हैं। रस की नीरस चर्चा का आरम्भ इस सरस रचना का नाम लेकर ही हम शुरू कर रहे हैं।

राजशेखर ने काव्य-मीमांसा के आरम्भ में ही काव्य-विद्या के अठारह अंग और उनके प्रवर्तक आचार्य इस प्रकार बताए हैं—

१–कवि रहस्य के सहस्राक्ष २–औक्तिक के उक्ति गर्भ, ३–रीतिनिर्णय के सुवर्णनाम, ४–आनुप्रासिक के प्रचेतायन, ५–यमक के चित्रांगद, ६–चित्रकाव्य के चित्रांगद, ७–शब्दश्लेप के शेप, ८–वास्तव के पुलस्त्य, ९–औपम्य के औपकायन, १०–अतिशय के पराशर, ११–अर्थश्लेष के अतथ्य, १२–उभयालंकारिक के कुवेर, १३–वैनोदिक के कामदेव, १४–रूपकनिरूपणीय के भरत, १५–रसाधिकारिक के नंदिकेश्वर, १६–दोपाधिकरण के धिषण, १७–गुणोपदानिक के उपमन्यु, १८–औपनिषदिक के कुचुमार।

इस प्रकार अठारह अंगों और आचार्यों की बात प्रायः सभी शास्त्र करते हैं। अट्ठारह की संज्ञा भारतीय साहित्य में बहुत लोकप्रिय है। पुराण अट्ठारह हैं, स्मृतियां अट्ठारह हैं, महाभारत में अट्ठारह पर्व हैं, और गीता में अट्ठारह अध्याय हैं। ज्योतिष के प्रवर्तक अट्ठारह आचार्यों और इसी प्रकार अन्य विषयों के भी अट्ठारह आचार्यों का उल्लेख मिल जाया करता है। जब राजशेखर की काव्य-मीमांसा का उद्धार हुआ तो देखा गया कि काव्य-विद्या के भी अट्ठारह ही आचार्य हैं। राजशेखर ने अपने इस वृहद् ग्रन्थ को अट्ठारह ही खण्डों में पूरा किया था। दुर्भाग्यवश इसका पहला खण्ड 'कविरहस्य' ही अब तक उपलब्ध हो सका है। इसमें भी उन्होंने अट्ठारह ही अध्याय रचे थे। बहुत दिनों तक पण्डितों में यह जल्पना-कल्पना पलती रही है कि राजशेखर की सूची कल्पना-प्रसूत है या किसी अब तक अज्ञात खोई हुई काव्य-परम्परा के आधार पर लिखी गई है। जल्पना-कल्पना अब भी जारी है। ऐसा जान पड़ता है कि उक्त सूची का किसी परम्परा पर आधारित होना

ही अधिक युक्तिसंगत है। इसे कल्पना-प्रसूत सिद्ध करने के लिए जो युक्तियाँ दी जाती हैं उनमें मुख्य यह है कि इसके नाम अधिकांश में अश्रुतपूर्व और पौराणिक हैं। फिर इसमें राजशेखर ने अनुप्रास भिड़ाने की भी कोशिश की है, यह भी उसके काल्पनिक होने का सबूत है। वस्तुतः ये दोनों दलीलें लचर हैं। इनमें कितने ही नाम तो निश्चयपूर्वक पहले के जाने हुए और ऐतिहासिक हैं। जो अभी तक नहीं जाने हुए हैं, उनके लिए अनुसंधान की जरूरत है। वात्स्यायन के कामसूत्र में नंदिकेश्वर, सुवर्णनाम और कुचुमार का नाम पाया जाता है। इस ग्रन्थ के आरम्भ में ही बताया गया है कि प्रजापति ने प्रजाओं की सृष्टि करके उनकी स्थिति के लिए धर्म, अर्थ और काम, इन त्रिवर्गों के साधन के लिए एक लाख अध्यायों का ग्रन्थ रचा। उसके एक-एक वर्ग को अलग-अलग करके क्रमशः मनु, वृहस्पति और महादेवानुचर नंदी ने धर्म, अर्थ और काम के ग्रन्थों की रचना की। नंदी का ग्रन्थ हजार अध्यायों का था। उसे औदालिक श्वेतकेतु ने पांच सौ अध्यायों में संक्षिप्त किया। इसमें सात अधिकरण थे—साधारण, सांप्रयोगिक, कन्यासम्प्रयुक्तक, भार्याधिकारिक, पारदारिक, वैशिक और औपनिषदिक। इन सातों को निम्नलिखित आचार्यों ने अलग-अलग सम्पादित किया (वैशिक का सम्पादन दत्तक ने पाटलिपुत्र की वेश्याओं के अनुरोध पर किया था)—

आचार्य	अधिकरण	आचार्य	अधिकरण
१. चारायण	साधारण		
२. सुवर्णनाम	सांप्रयोगिक	५. गोणिकापुत्र	पारदारिक।
३. घोटकमुख	कन्यासंप्रयुक्तक	६. दत्तक	वैशिक।
४. गोनर्दीय	भार्याधिकारिक	७. कुचुमार	औपनिषदिक

इस सूची को देखने से जान पड़ता है कि कामशास्त्र के प्रवर्तक कई आचार्य काव्य-विद्या के भी प्रवर्तक हैं। साम्प्रयोगिक के आचार्य सुवर्णनाम रीतिनिर्णय के भी प्रवर्तक हैं और कुचुमार या कुचमार दोनों विद्याओं के औपनिषदिक अधिकरणों के प्रवर्तक हैं। सम्पूर्ण कामशास्त्र के आदि संक्षेपक नंदिकेश्वर (महेश्वरानुचर नंदी) काव्यविद्या के रसाधिकारिक के प्रवर्तक हैं। हाल ही में नंदिकेश्वर नामक एक आचार्य का अभिनय-दर्पण भी उपलब्ध हुआ है। राजशेखर का मतलब किस नंदिकेश्वर से है, इसका विवेचन आगे किया जाएगा।

भरत का रूपक-निरूपण तो प्रसिद्ध ही है। यह सब देखते हुए यह तो कहना

अनुचित ही जान पड़ता है कि राजशेखर की सूची काल्पनिक है। ऐसा जान पड़ता है कि उन्होंने किसी प्राचीन परम्परा को ही अपना आधार माना है। ध्यान देने की बात यह है कि राजशेखर के काव्य-विद्यांगों में ध्वनि का नाम नहीं है। पुरानी अलंकार शास्त्रीय पोथियों में ध्वनि या व्यंग्यार्थ की कोई चर्चा नहीं है। नवीं शताब्दी के आरम्भ में आनन्दवर्धन नामक एक शक्तिशाली पंडित ने ध्वन्यालोक नाम पुस्तक लिखी और यह स्थापित किया कि ध्वनि ही काव्य का आत्मा है। बिना ध्वनि के काव्य निर्जीव हो जाता है। अलंकार या रीति उसे प्राणवान नहीं बना सकते। अब यदि यह सूची काल्पनिक होती तो ध्वनि का नाम इसमें जरूर आता क्योंकि राजशेखर के काल में यह सम्प्रदाय काफी प्रबल हो चुका था। यह कहना ठीक नहीं कि या तो राजशेखर को ध्वनि का पता नहीं होगा या वे उसके विरोधी होंगे क्योंकि काव्य-मीमांसा (पृ० १६) में किसी आनन्द नामक आचार्य का नाम आया है, जो वस्तुतः आनन्दवर्धन ही हैं। इस बात को काव्य-मीमांसा (तृतीय संस्करण, पृ० १५६) के विद्वान सम्पादकों ने सिद्ध कर दिया है। राजशेखर ध्वनिमत के विरोधी होंगे—इस कथन का आसानी से खण्डन किया जा सकता है। हेमचन्द्र के काव्यानुशासन में एक श्लोक राजशेखर के नाम का है, जिसमें कहा गया है कि काव्यशास्त्राभिनिवेशमूलक अति गम्भीर ध्वनि से आनन्दवर्धन ने किसका आनन्द-वर्द्धन नहीं किया। श्री रामस्वामी शास्त्री शिरोमणि का अनुमान है कि औक्तिक नामक अंग में राजशेखर ने वाच्य, लक्ष्य, गौण और व्यंजक शब्दों की चर्चा की होगी। इसी अंग में उन्होंने ध्वनि का विचार किया होगा परन्तु जब तक भारतीय काव्य-शास्त्र के सौभाग्य से उक्त अंग नहीं मिल जाता तब तक शास्त्रीजी के अनुमान के विषय में निश्चित रूप से कुछ कहा नहीं जा सकता। किन्तु राजशेखर ने काव्य-मीमांसा (पृ० १८) में जिस 'उक्ति-कवि' का उदाहरण दिया है, उस पर 'उक्ति' शब्द का ऐसा अर्थ नहीं किया जा सकता जैसा कि शास्त्रीजी ने किया है। स्वयं शास्त्रीजी ने उक्त उदाहरण पर टिप्पणी करते हुए बताया है कि यहां उक्ति से सौंदर्यपूर्ण उपस्थापन का तात्पर्य है। इसके लिए कवि को समाधि नामक गुण का आश्रय ग्रहण करना चाहिए (पृ०१८९)। ऐसा जान पड़ता है कि ऊपर की सूची किसी अति प्राचीन काल से चली आती हुई परम्परा से ली गई है। यह परम्परा ध्वनि-सम्प्रदाय के जन्म से पहले की है।

इस प्रसंग में और भी एक ध्यान देने की बात है। राजशेखर के काव्याधिकरणों के साथ रुद्रट के काव्यांगों का बहुत कुछ मेल दिखाया जा सकता है। कविरहस्य, औक्तिक और रीतिनिर्णय के बाद राजशेखर चार शब्दालंकारों और चार ही अर्थालंकारों की चर्चा करते हैं। ये अलंकार इस प्रकार हैं—(१) अनुप्रास, यमक, यमकचित्र और शब्दश्लेषण चार शब्दालंकर तथा (२) वास्तव, औपम्य, अतिशय और अर्थश्लेष—चार अर्थालंकार। नवां उभयालंकार भी इसी प्रसंग में याद कर लिया जा सकता है। अब रुद्रट के शब्दालंकार पांच हैं। पहला वक्रोक्ति और बाकी हू-ब-हू वे ही जो राजशेखर के हैं (पृ० १३)। इसी प्रकार अर्थालंकार भी रुद्रट के हू-ब-हू वही हैं जो राजशेखर के। इन्होंने अलंकारों के अनेकानेक भेद कल्पित करके अपने ग्रन्थ का विस्तार किया है। शब्दालंकारों की चर्चा करने के पहले रुद्रट ने अपने ग्रन्थ कविरहस्य (प्रथमाध्याय) में वाक्य और शब्दभेद तथा रीतियों (२११-४) का यथाक्रम वर्णन किया है। अब अगर शुरू से ही मान लिया जाय कि राजशेखर और रुद्रट का क्रम एक ही है, जो निःसन्देह है, तो औक्तिक नामक अधिकरण वही हो सकता है, जिसे रुद्रट ने वाक्य-शब्द-भेद कहा है। इस प्रकार भी औक्तिक में ध्वनि का अंतर्भाव कष्टकल्पित ही जान पड़ता है। पर एक और भी सम्भावना है। शायद वक्रोक्ति नामक अलंकार को राजशेखर ने औक्तिक कहा हो। क्योंकि जब आठ अलंकारों की चर्चा हू-ब-हू मिल जाती है तो कोई कारण नहीं कि वक्रोक्ति को त्याज्य समझा गया हो। अब इन ग्यारह-बारह अंगों का रुद्रट के साथ मिल जाना ही इस बात का पक्का प्रमाण है कि राजशेखर की सूची निराधार और काल्पनिक नहीं है। रुद्रट के ग्रन्थों में रस, गुण और दोषों की भी चर्चा है। राजशेखर ने रुद्रट का अनुकरण किया होगा, ऐसा अनुमान करने की अपेक्षा यह अनुमान करना अधिक उचित जान पड़ता है कि दोनों ने एक सामान्य परम्परा से ही अपने-अपने ढंग पर काव्यांगों को ग्रहण किया था।

काव्यविद्याओं के सिलसिले में उक्ति, रीति, शब्दालंकार, अर्थालंकार, उभयालंकार, गुण और दोष आदि बातें अलंकारशास्त्र के प्रत्येक विद्यार्थी की जानी हुई हैं। यहाँ हमें उनके विषय में कुछ कहने की इच्छा नहीं है। चार बातें राजशेखर ने जो अधिक बताई हैं वे भी नई-सी दिखने पर भी वस्तुतः इस शास्त्र के विद्यार्थियों की अपरिचित नहीं हैं। ये चार बातें हैं—वैनोदिक, रूपकनिरूपणीय, रसाधिकारिक और औपनिषदिक । जो बात इसमें नई है वह यह कि

राजशेखर ने इन अठारहों को बराबर का दर्जा दे दिया है, जब कि अलंकारिकों ने कभी इस अंग को और कभी उस अंग को प्रधान और अन्यान्य को गौण बताया है। इन समस्त अंगों को, जिनमें कई-कई को एक ही अंग में अंतर्भुक्त किया जा सकता था—अलग-अलग स्वतन्त्र अंग मान लेना ही इस परम्परा की प्राचीनता का प्रमाण है। इसीलिए जब हम अपनी चर्चा इस सूची के साथ शुरू करते हैं तो ऐतिहासिक दृष्टि से गलत रास्ते पर नहीं है। अपनी चर्चा आरम्भ करने के पहले राजशेखर की गिनाई हुई नई-सी लगने वाली बातों से हमारा परिचय हो जाना आवश्यक है। विनोदिक नाम ही वैनोदों से सम्बन्ध रखता है। कामशास्त्रीय ग्रन्थों में मदपान की विधियाँ, उद्यान और जलाशय आदि की क्रीड़ाएं, मुर्गे और बटेरों (लाव-तित्तिरों) आदि की लड़ाइयां, द्यूत क्रीड़ाएं, यक्षरात्रियां अर्थात् सुखरात्रियां, कौमुदीजागरण अर्थात् चांदनी रात में जगकर क्रीड़ा करना आदि को वैनोदिक कहा गया है (कामसूत्र १-४)। इस अंग के प्रवर्तक कामदेव हैं, इस पर पंडितों ने अनुमान लगाया है कि कामशास्त्रीय विनोद और काव्यशास्त्रीय विनोद एक ही वस्तु होंगे। परन्तु कामदेव नामक पौराणिक देवता और वैनोदिक शास्त्र-प्रवर्तक कामदेव नामक आचार्य एक ही होंगे, ऐसा अनुमान करना ठीक नहीं भी हो सकता है। राजा भोज के सरस्वती कंठाभरण नामक वृहत् अलंकार ग्रन्थ (५।९३-९६) से यह अनुमान और भी पुष्ट होता है कि कामोद्दीपक क्रिया-कलाप वस्तुतः वैनोदिक ही समझे जाते होंगे। शारदातनय के भावप्रकाश में दोनों ऋतुओं के लिए जो विलास-सामग्री बताई गई है वह परम्परा बहुत दूर तक ग्वाल और पद्माकर तक आकर अपने चरम विकास पर पहुंचकर समाप्त हो गई है। यहां यह कह रखना आवश्यक है कि काव्यों को केवल काव्यशास्त्र ने ही नहीं प्रभावित किया है, कामसूत्र ने भी किया है, अतः इन वैनोदिक सामग्रियों का कामशास्त्र से मिलना न तो आश्चर्य का कारण है और न कामशास्त्रीय वैनोदिक प्रकरण और काव्यशास्त्रीय वैनोदिक प्रकरण की एकता की ही निशानी है। कादम्बरी (कथामुख) में वाणभट्ट ने शूद्रकवर्णना के प्रसंग में कुछ ऐसे काव्य-विनोदों की चर्चा की है जिनके अभ्यास से राजा कामशास्त्रीय विनोदों के प्रति वितृष्ण हो गया था। हमारा अनुमान है कि ऐसे ही विनोद काव्यशास्त्र के विनोद कहे जा सकते हैं। वे इस प्रकार हैं—वीणा-मृदंग आदि का बजाना, मृगया (शिकार) विद्वत्सेवा, विदग्धों या रसिकों की मण्डली में काव्य-प्रबन्धादि की रचना करना, आख्यायिका आदि का सुनना,

आलेख्यकर्म या चित्रकारी, अक्षर-च्युतक, मात्रा-च्युतक, विन्दुमती, गूढ़ चतुर्थ-पाद, प्रहेलिका आदि। शूद्रक इन्हीं विनोदों से काल-यापन करता हुआ 'वनिता-संभोग-पराङ्मुख' हो सका था। इनके लक्षण तो चित्रकाव्य के प्रकरण में दिये गये होंगे पर इनके व्यवहार के लिए देश-काल-पात्र आदि की योग्यता का वर्णन इस वैनोदिक प्रकरण में किया गया होगा। उन दिनों इस बात का बड़ा महत्व था। दण्डी ने (काव्यादर्श १-१०५) कीर्ति प्राप्त करने की इच्छा रखने वाले कवियों को श्रमपूर्वक सरस्वती की उपासना करने की सलाह दी है, क्योंकि कवित्व-शक्ति के दुर्बल होने पर भी परिश्रमी आदमी विदग्ध-गोष्ठियों में जमकर विहार कर सकता था।

रूपक-निरूपण के आचार्य भरत हैं, इस विषय में कोई सन्देह नहीं क्योंकि इनका लिखा हुआ 'भारतीय नाट्य शास्त्र' अपने विषय की पहली पुस्तक है। रूपकों के निरूपण के लिए इससे अधिक बता सकने वाली पुस्तक दूसरी नहीं है। परन्तु रूपक-निर्णय के सिलसिले में भरत ही सबसे प्रथम जाने हुए आचार्य हैं, जिन्होंने 'रस' की इतनी विस्तृत और सुन्दर विवेचना की है। बाद के आचार्यों ने रस पर विचार करते समय एक स्वर से भारतीय नाट्यशास्त्र को ही प्रमाण मानकर विवेचना को आगे बढ़ाया है। भरत मुनि ने (ना० शा० ६, ३०) रस, भाव, अभिनय, धर्मी, वृत्ति और प्रवृत्तियां, सिद्धि, स्वर, आतोद्य, गान और रंग को लेकर ही अपना बृहत्शास्त्र रचा है। ऐसी हालत में भरत को ही रस का आदि प्रवर्तक मानना उचित था। फिर भी राजशेखर ने भरत को रूपक-निरूपण का आचार्य मानकर भी उन्हीं को जो रस का आदि प्रवर्तक नहीं माना, इसका कोई-न-कोई कारण होना चाहिए। भरत ने (ना० शा० ६, १५।१६) आठ नाट्य रसों का उल्लेख करते हुए कहा है कि इन आठ नाट्य रसों (शृंगार-हास-करुण-रौद्र-वीर-भयानक-वीभत्स-अद्भुत) को महात्मा द्रुहिण ने कहा है। द्रुहिण ब्रह्मा भी हो सकते हैं और कोई अन्य आचार्य भी। ऐसा जान पड़ता है कि यहां ग्रन्थकार का मतलब ब्रह्मा से ही है। फिर भी इस विषय में कोई सन्देह नहीं कि भरत को अपने पूर्ववर्ती किसी 'रस' सम्बन्धी ग्रंथ के आचार्य की जानकारी थी। बल्कि यों कहना चाहिए कि 'रस' की कोई परम्परा थी जिसे अपने ग्रंथ में भरत ने अन्तर्भुक्त कर लिया। भारतीय नाट्यशास्त्र के षष्ठ और सप्तम अध्याय में रसों और भावों की व्याख्या है। इन दो अध्यायों में जितने आनुवंश्य या परम्परा-प्राप्त श्लोकों को ग्रंथकार ने संग्रह किया है

उतने सारे ग्रन्थ में भी नहीं किया। इसी से स्पष्ट है कि इन अध्यायों की सामग्री उन्होंने किसी अन्य मूल से ग्रहण की थी।

अब प्रश्न है कि इस परम्परा के प्रवर्तक आचार्य कौन थे। राजशेखर से पता चलता है कि ये नंदिकेश्वर थे। नंदिकेश्वर का नाम नाना भाँति से हमारे सामने आया है। भिन्न-भिन्न ग्रन्थों में कभी उन्हें संगीत का, कभी कामशास्त्र का, कभी तन्त्र और कभी अभिनय का आचार्य माना गया है। 'पंचसायक' नामक कामशास्त्रीय ग्रन्थ में नन्दीश्वर नामक एक आचार्य का उल्लेख है और 'रतिरहस्य' में तो नन्दिकेश्वर नाम ही आता है। इस अध्याय के शुरू में ही बताया गया है कि प्रजापति के कामशास्त्रीय अध्याय का संकलन महादेवानुचर नन्दी ने किया था। कामसूत्र की जयमंगला टीका में कहा गया है कि महादेव उमा के साथ देवताओं के एक हजार वर्ष तक काम-सुख का अनुभव करते रहे। वासगृह के द्वार पर स्थित नन्दी ने इसीलिए कामसूत्र का प्रवचन किया। यदि उक्त टीका की बात को प्रमाण समझें तो नन्दी पौराणिक देवता हैं। जिस अर्थ में साधारणतः शास्त्रकार आचार्यों को पौराणिक कल्पनाओं में प्रथित किया गया है, उससे हम ऐसा समझ सकते हैं कि नन्दीश्वर या नंदिकेश्वर नाम के कोई शास्त्रकार जरूर थे जिन्हें नाम-साम्य के कारण पौराणिक देवता मान लिया गया। नन्दिकेश्वर की लिखी एक अभिनय-पुस्तक सन् १८७४ में पूना से सम्पादित हुई थी और अब नये सिरे से अनेक उपयोगी टिप्पणियों के साथ डा० मनोमोहन घोष ने कलकत्ता से प्रकाशित किया है। अभिनय-दर्पण, जैसाकि उसके नाम से ही प्रकट है, अभिनय की पुस्तक है। इसमें हाथ, पैर, मुख, दृष्टि आदि की विविध मुद्राओं का वर्णन और विनियोग (अर्थात् किस रस के अभिनय के समय कौन-सी मुद्रा का व्यवहार करना चाहिए) बताया गया है। वेबर के इतिहास से एक गान सम्बन्धी पुस्तक 'नंदिकेश्वर मततालाध्याय' का भी पता चलता है। इस प्रकार नंदिकेश्वर का नाम तीन विषयों के साथ प्रधान रूप से जड़ित है। गान, नाच और कामशास्त्र। कुछ पंडितों का विश्वास है कि कामशास्त्रीय आचार्य नंदिकेश्वर ही प्रधान हैं। अभिनय और गान कामशास्त्रीय विनोद के ही अंग हैं। इन पंडितों ने कहा है कि राजशेखर द्वारा निर्दिष्ट रसाधिकरण के आचार्य नंदिकेश्वर वस्तुतः कामशास्त्र के ही आचार्य हैं। इसका अर्थ यह हुआ कि नाट्यशास्त्र में जब तक रसाधिकरण निपुण भाव से गूंथ नहीं दिया गया था, तब तक रस शब्द का अर्थ शृंगार रस ही था। भरत जब कहते

हैं कि नाट्य में आठ रस होते हैं तो इसका अर्थ यह लगाया जाता है कि काव्य में नौ या दस रस होते हैं। परन्तु ऊपर की व्याख्या को ध्यान में रखकर अगर इस कथन का अर्थ किया जाय तो इसका अर्थ यह भी होता है कि अन्यत्र रस एक या दो हो सकते हैं पर नाट्यशास्त्र में आठ होते हैं। ऐसा अर्थ समझने के पक्ष में प्रबल युक्ति यह है कि काव्य में बहुत बाद में चलकर रसों को अंतर्भुक्त किया गया है। प्राचीन आचार्यों में दण्डी और भामह रस की चर्चा करते ही नहीं, ऐसा तो नहीं है, पर वे वक्रोक्ति या स्वभावोक्ति आदि अलंकारों से अधिक महत्त्व नहीं देते। फिर ऐसा एक भी काव्य का विवेचक आलंकारिक नहीं है जो भरत के पहले हुआ हो। सब पर भरत का प्रभाव है। ऐसी हालत में यह कैसे मान लिया जा सकता है कि भरत ने काव्य के रसों को दृष्टि में रखकर ही लिखा था कि 'अष्टौ नाट्ये रसाः स्मृताः'। जब काव्य के नौ या दस रस उनके सामने थे ही नहीं तो निश्चय ही किसी और शास्त्र के रस ने नाट्य-रस को अलग करने के लिए उपर्युक्त बात लिखी थी। यह रस क्या था। सम्भवतः यही नंदिकेश्वर का रसराज श्रृंगार रस था। बड़ी विचित्र बात यह है कि श्रृंगार रस को ही 'आदिरस' या 'आद्यरस' कहा जाता है। वाणभट्ट की कादम्बरी में 'रसेनशय्या स्वयमभ्यूपागता' श्लोक में 'रस' शब्द का एक अर्थ श्रृंगार रस ही समझा जाता है।

यह ध्यान देने की बात है कि यद्यपि भारतीय नाट्यशास्त्र के प्रभाववश काव्य नाट्यशास्त्रीय आठ रसों के साथ एकाध अन्य रस को मिलाकर रसों की संख्या बढ़ा ली गई, परन्तु समूचे काव्य-साहित्य में श्रृंगार रस का ही प्राधान्य बना रहा। ऐसे अनेक आचार्य हुए जो एकमात्र श्रृंगार रसको ही रस समझते रहे। रुद्रभट का श्रृंगार तिलक ऐसा ही ग्रंथ है। भोजराज ने अपने सरस्वती कंठाभरण में यद्यपि दस रस माने हैं, पर अधिक जोर श्रृंगार पर ही दिया है। श्रृंगार प्रकाश में राजा भोज ने श्रृंगार को ही एकमात्र रस माना था। शारदातनय का भावप्रकाश, शिगभूपाल का रसार्णव और भानुदत्त की रस-मंजरी और रस-तरंगिणी ऐसे ही ग्रन्थ हैं। यह परम्परा बड़ी दूर तक चलती रही। हिन्दी के रीतिकाल में यह अपने चरम उत्कर्ष पर पहुंची। केशवदास की रसिकप्रिया, तोष की सुधा-निधि, चिन्तामणि का कविकुलकल्पतरु, मतिराम का रसराज, रसलीन के रसप्रबोध और अंगदर्पण, देव की प्रेमचंद्रिका और रसविलास, भिखारीदास का श्रृंगारनिर्णय और पद्माकर का जगद्विनोद आदि ग्रन्थ श्रृंगार

की महिमा प्रतिष्ठित करने में अतुलनीय हैं। उत्तरकालीन ब्रजभाषा का साहित्य मुख्य रूप से श्रृंगार रस का साहित्य है।

इस विवेचना से सिद्ध होता है कि भारत के पूर्ववर्ती काल में 'रस' शब्द का अर्थ श्रृंगार ही समझा जाता था और यद्यपि परवर्ती आचार्यों के शक्तिशाली ग्रन्थों ने इस अर्थ को बहुत-कुछ दबा दिया था, पर वह बिलकुल लुप्त कभी नहीं हुआ। कवियों का एक समूह बराबर इस रस को ही एकमात्र या प्रधान रस मानता रहा। हजारों वर्षों की सुदीर्घ परम्परा में इस समूह के कवियों की कभी भी कमी नहीं हुई।

इस प्रकार राजशेखर ने जिस अट्ठारह अंगवाली काव्यविद्या का उल्लेख किया है, उसकी विवेचना से हम इस नतीजे पर पहुंचे कि काव्य के भिन्न-भिन्न अंग किसी युग में यद्यपि समान भाव से महत्त्वपूर्ण माने जाते थे फिर भी आदि रस या श्रृंगार का स्थान उसमें अतुलनीय था। किस प्रकार काव्य में 'रस' प्रधान पद पर अधिकार कर सका और यह विश्वास किया जाने लगा कि रस ही काव्य की आत्मा है और जहां रस है वहीं काव्य है और जहाँ रस नहीं है वहां सब होते हुए भी काव्य तत्त्व नहीं है, यह एक लम्बीं कहानी है। हमारी यह इच्छा नहीं है कि 'रस' के सम्बन्ध में जो अति सूक्ष्म विचार किए गए हैं उन्हें यहां उपस्थित करूं। हमने इस उद्देश्य से इस अध्याय का आरम्भ नहीं किया था। हमारा उद्देश्य प्राचीन आचार्यों की विशेष दृष्टि को समझना था। उस उद्देश्य को सामने रखकर ही हम अब तक की बातें करते रहे हैं। अब भरत और उनके अनुयायियों के अनुसार रस की स्थिति समझनें का प्रयत्न किया जाय। भारतीय परम्परा में नायक, 'फल'-भोक्ता को अर्थात् नाटक (या काव्य या कथा) के फल को प्राप्त करने वाले को कहा गया है जबकि आधुनिक नाट्यशास्त्री नायक या नायिका उसे मानते हैं जिसके साथ सामाजिक सहानुभूति हुआ करती है। इनमें नाट्यकार द्वारा प्रयुक्त कौशल से एक ऐसी शक्ति केन्द्रित होती है जो निपुण अभिनय के द्वारा उपस्थित किए जाने पर सामाजिकों की समवेदना और सामान्यानुभूति आकर्षित करती है। खलनायक सहानुभूति नहीं पाता। उसमें कुछ ऐसा औद्धत्य या आचरणगत अनौचित्य होता है, जो सामाजिक वितृष्णा और क्रोध को उद्रिक्त करता है। भरत द्वारा निर्धारित रूपकों में नाटक और प्रकरण के नायक, नायिका और प्रतिनायक इस कोटि के कहे जा सकते हैं। नाट्यशास्त्र में जितने प्रकार के रूपक बताए गए हैं, उनमें

प्रथम और उत्तम श्रेणी के नाटकों में केवल दो ही रस हैं—शृंगार और वीर। ये ही दो रस मुख्य हो सकते हैं। दो रस और भी मुख्य कहे गए हैं—रौद्र और बीभत्स। इस प्रकार चार रस ही मुख्य बताए गए हैं—शृंगार, वीर, रौद्र और बीभत्स। इनके अभिनय में क्रमशः विकास, विस्तार, क्षोभ और विक्षेप होता है। बाकी चार इन्हीं चारों से उद्भूत होते हैं। शृंगार से हास्य, वीर से अद्भुत, बीभत्स से भयानक और रौद्र से करुण (दशरूपक ४३-४५)। इस प्रकार ये आठ रस बनते हैं। सामाजिक चित्त में विकास और विस्तार होता है तो उसे सुख मिलता है और क्षोभ और विक्षेप होता है तो दुःख। इसलिए कुछ आचार्य रस को सुख-दुखात्मक बताते हैं। दूसरे आचार्य ऐसा नहीं मानते। वे कहते हैं कि ये नाटक के विक्षेप और क्षोभ लौकिक विक्षेप और क्षोभ से भिन्न होने के कारण आनन्दजनक ही होते हैं। यह एक मनोवैज्ञानिक सत्य है कि शृंगार रस से चित्त में विकास और वीर रस से विस्तार होता है। इन दो रसों का नायक अनायास ही सामाजिक की समवेदना और सहानुभूति आकर्षित करता है। यही कारण है कि पूर्णांग रूपकों में इन दो रसों का ही प्राधान्य है। विकास और विस्तार को एक शब्द में 'विस्फार' कहा जाता है। इस विस्फार के कारण नाटक में वीर और शृंगार रस मुख्य होते हैं। नाटक और रसों से बनता ही नहीं। पाश्चात्य नाट्यशास्त्रों में तर्जदी (ट्रेजेडी) श्रेणी के नाटकों का महत्त्व है। परन्तु भारतीय नाट्यशास्त्रियों ने 'करुण' रस को नाट्य-रस मानते हुए भी ऐसे उत्तम कोटि के रूपकों की कल्पना भी नहीं की जो शोकान्त हों। परन्तु नाटक में यदि नायक या नायिका उसे माना जाए जो सामाजिकों की सहानुभूति आकृष्ट कर सके, तो ऐसे नायक भी सामाजिक की सहानुभूति आकृष्ट कर सकते हैं जो चरित्र बल में तो उदात्त हों पर किसी दुर्बलता—जैसे आदमी न पहचानने की क्षमता, दैववश अनुचित कार्य कर बैठने की भूल, अत्यधिक औदार्य आदि से कष्ट में पड़ जाते हों। पश्चिमी देशों में ऐसी परिस्थितियों के शिकार उदात्त और ललित श्रेणी के नायकों की कल्पना की गई है। हर समय उनका स्थायी भाव शोक ही नहीं होता। कई बार नायक के चित्त में उत्साह, रति आदि भाव ही प्रबल होते हैं, केवल परिणाम अनिष्ट-प्राप्ति होता है। सामाजिक के चित्त को सहानुभूतियुक्त बनाने के हेतु नायक के स्वभाव में स्थित मानवीय गुण ही होते हैं, उसके दुःख पाने से सामाजिक के चित्त में जो क्षोभ पैदा होता है वह उसे और भी तीव्रता के साथ नायक की ओर ठेलता है।

इस प्रकार के रूपकों की कल्पना भारतीय नाट्य-परम्परा में नहीं हुई। उत्सुष्टि-कांक आदि में यह रस भारती वृत्ति द्वारा सूच्य और अप्रत्यक्ष होता है। अधिकतर अंग रूप में इसका चित्रण कर दिया जाता है। इसलिए ऐसे नायक भी इस परम्परा में नहीं मिलते।

कुछ आचार्य केवल शृंगार रस को ही एकमात्र रस मानते हैं। इसका कारण यह है कि यही एकमात्र रस है जहां सहृदय आश्रय और आलम्बन दोनों से तादात्म्य स्थापित कर सकता है और किसी पक्ष को पराभव की अनुभूति नहीं होती। वीर रस भी इनके मत से एक पक्ष का पराभव होने के कारण अपूर्ण रह जाता है। भरत ने स्पष्ट ही नाट्य में आठ रस स्वीकार किए हैं। इसीलिए यह मत भारतीय परम्परा में पूर्णतया मान्य नहीं हो सका।

ऊपर जो कुछ कहा गया है उससे लगता है कि यद्यपि शास्त्रीय विचार के समय रसों की संख्या आठ या नौ बताई गई है, पर व्यवहार में रस का अर्थ शृंगार ही था। भरत के पूर्णांग रूपकों में शृंगार के साथ वीर को भी स्थान मिला है। दर्शक के चित्त को विस्फारित करने की दृष्टि से यह ठीक ही है पर साधारण रूप में कवियों और सहृदयों में शृंगार की महिमा ही प्रतिष्ठित थी।

हमारे आलोच्य काल में शास्त्रीय विचार का बहुत विकास हुआ। इसमें भरत द्वारा स्थापित सिद्धान्तों में बहुत थोड़ा ही परिवर्तन हुआ। रस-संख्या कभी-कभी बढ़ा देने का भी प्रयत्न हुआ, पर शृंगार रस व्यवहार में सदा महत्त्व-पूर्ण स्थान का अधिकारी बना रहा।

इस काल का सहृदय सरस काव्य का अर्थ शृंगारी काव्य ही मानता रहा और लोक-चित्त में कवि का शृंगारी रूप ही प्रतिष्ठित रहा। दीर्घकाल से लोक-चित्त में व्याप्त धारणा को शास्त्रीय ग्रंथ बहुत अधिक शिथिल नहीं कर सके।

पाँचवाँ व्याख्यान

रस : कवियों का साक्ष्य

हमारे देश का, और कदाचित् सारे संसार का, सबसे पुराना उपलब्ध साहित्य वैदिक संहिताएं हैं। वे क्रान्तिदर्शी ऋषि-कवियों के प्रत्यक्षीकृत भावों की सुन्दर अभिव्यक्ति हैं। वे ही हमारे मूल स्रोत हैं। सच पूछिए तो भारतीय साहित्य और सभ्यता 'काव्य' से उत्पन्न हुई है। वेद और उपनिषद् सार्वभौम और सर्वकालिक काव्य हैं। वैदिक साहित्य में 'कवि' शब्द बहुत गौरवपूर्ण अर्थों में व्यक्त हुआ है। परमात्मा को भी कवि कहा गया है और इस समूचे व्यक्त जगत को 'देवस्य काव्यम्' देवता का काव्य कहा गया है। कवि काव्य की रचना आनन्द के लिए करता है। परात्पर शक्ति-ब्रह्म ने भी जगत् की सृष्टि आनन्द के लिए की थी। आनन्द से ही यह सब कुछ उत्पन्न हुआ है और आनन्द में ही लीन हो जाने वाला है। पूरा वैदिक साहित्य आनन्दोल्लास का गीत है। वैदिक ऋषि की दृष्टि में प्रकृति और मनुष्य, जड़ और चेतन, आनन्द की अभिव्यक्ति मात्र है। नर्तकी के समान चारुभूषणा प्रकृति, वृषभ के समान गरजता हुआ मेघ मण्डल, समस्त चराचर को अपनी महिमा से भर देने वाला आकाश, चर-अचर की सुप्त चेतना को प्रेरणा देने वाला सविता, सभी आनन्द का गान गाते हैं। यह जगत मनुष्य का प्रतिद्वंद्वी नहीं, पूरक है। प्रकृति की नित्य नूतन शोभा मनुष्य को प्रेरणा देती है और प्रेरणा पाती है। इन दोनों में ऐसा कोई संबंध नहीं है जिससे इस प्रकार के तत्त्व-ज्ञान को बढ़ावा मिल सके कि मनुष्य, जगत या प्रकृति से भिन्न है और एक-दूसरे को जीतने या अभिभूत करने में निरन्तर क्रियाशील हैं। इस आनन्दोल्लास से मुखर-काव्य के तत्त्व-चिन्तन का जो क्रम उत्पन्न होता है वह निश्चित रूप से दोनों के पारस्परिक सम्बन्धों को मधुमय बनाने वाले तत्त्व की खोज से शुरू होता है। प्रकृति या जगत मनुष्य के अन्तरतर को अत्यधिक आकर्षित करता है, उल्लसित

करता है, रसमय बनाता है और बंधनविमुक्त होने की प्रेरणा देता है। उपनिषदों में यही प्रयत्न है। इन दोनों को जोड़ने वाला कोई शोभन-मंगल तत्त्व है। समस्त हलचलों के पीछे कोई शान्त तत्त्व है। वही इन दोनों को मिलाता है। निःसन्देह वह तत्व स्वयं आनन्दरूप है। वह रस ही है। रस भी है और रस का अन्वेषी भी। जो रस भी है और रस का अन्वेषी भी, वह दो नहीं हो सकता। वह अद्वैत है। इस प्रकार प्रकृति और मनुष्य के पीछे चुपचाप स्थित, दोनों को मंगलमय कर्म की प्रेरणा देने वाला अद्वैत तत्व ही रस है। वह आपाततः विरुद्ध दिखने वाली बातों में सामंजस्य स्थापित करता है, नानात्व में 'एक' की अभिव्यक्ति देता है। वह 'शान्त शिवम् अद्वैतम्' है। भारतीय धर्म और दर्शन इसी काव्य-वेद से उद्भूत हैं। परस्पर विरुद्ध दिखने वाले पदार्थों में, एकता और सामंजस्य खोजना उनका लक्ष्य है। यह बात अच्छी तरह समझ लेनी चाहिए। भारतीय धर्म किसी पैगम्बर की वाणियों से नहीं पैदा हुआ, किसी धर्म-याजक संप्रदाय के संघटित चर्च-मठों द्वारा नहीं प्रचारित हुआ, वह आनन्दोल्लास से मुखरित काव्य की देन है—काव्य, जो मानवचित्त के अतल गांभीर्य से उद्गत होने के कारण सार्वजनीन और सर्वकालिक है। दुर्भाग्यवश पिछली शताब्दी में जिनके ऊपर इस प्रेरणादायक साहित्य के पुनरुद्धार और पुनराख्यान का दायित्व आ गया और जिन्होंने निष्ठापूर्वक इस विशाल देश के इतिहास के पुनर्गठन का महत्वपूर्ण कार्य किया उन तत्व-जिज्ञासु विदेशी विद्वानों के संस्कार पैगम्बरी धर्म और उसके मठीय संगठन से बने हुए थे। उनकी परम्परा में 'धर्म' उतना व्यापक शब्द नहीं है, जितना इस देश में रहा है। वह मज़हब के संकुचित अर्थ में व्यवहृत होता है। धर्म से दर्शन और काव्य के उदभूत और प्रभावित होने का संस्कार उनके मन में बद्धमूल था। काव्य से धर्म और दर्शन, कला तथा शिल्प का प्रादुर्भूत होना उनके गले के नीचे उतरने वाली बात नहीं थी।

भारतवर्ष में इतिहास-पुराण और महाकाव्य की धारा निरन्तर बहती रही। व्यापक अर्थों में यह पूरा वाङ्मय काव्य है। काव्य का इतना विशाल धारावाहिक साहित्य अन्य किसी देश में नहीं है। काव्य से उद्भूत होने के कारण हमारे दर्शन और धर्म से सामंजस्य और सामरस्य की बात नहीं छूटती। उसके भीतर याजक और शासक वर्ग का संघर्ष खोजने से और उसके बारे में पैगम्बरी विधि से उदभूत तत्वज्ञान की भाषा में सोचने से वे गलत दिखाई दे सकते हैं।

फिर भी भारतवर्ष के लम्बे इतिहास में यह साहित्य की धारा सदा एक-सी नहीं रही है। बीच-बीच में उसमें शिथिलता आई है। यह भी कहा जाता है कि भारतवर्ष में इतिहास लिखने वाले नहीं हुए और स्वभाव उनका ऐसा कि जब कोई अच्छी-सी चीज़ मिल गई तो पुरानी को भुला दिया। कहा जाता है कि इसीलिए बालमीकि के पूर्ववर्ती काव्य—जातीय ग्रंथ लुप्त हो गए। कदाचित् ऐसा ही हो, पर वैदिक और लौकिक साहित्य में एक लम्बा व्यवधान मिलता अवश्य है। वैसे हमने पहले ही देखा है कि महाभारत के कुछ आख्यान काफी पुराने हो सकते हैं। परन्तु अब अपने मूल रूप में हैं या नहीं, कहना कठिन है। भारतीय परम्परा निश्चित रूप से बालमीकि को आदिकवि मानती है। आदिकवि का अर्थ है, वैदिक भाषा के साहित्य से भिन्न लौकिक संस्कृत का प्रथम कवि। इस 'प्रथम काव्य' का रचयिता निःसन्देह बड़ी समृद्ध परम्परा का उत्तराधिकारी था, इसमें किसी को कोई सन्देह नहीं है।

रस का महत्त्व किसी-न-किसी प्रकार आदिकवि के काल में पूर्णरूप से स्वीकृत हो चुका था। उन दिनों कोई रस-मीमांसा का ग्रन्थ लिखा गया था या नहीं, यह तो हमें नहीं मालूम पर बालमीकि ने कुछ ऐसे शब्दों का प्रयोग किया है, जो उस प्रकार की शास्त्रीय चर्चा का अस्तित्व स्वीकार करने की ओर प्रवृत्त करते हैं।[1] यह तो स्पष्ट है कि वैदिक साहित्य के छन्दों का पहले ही पर्याप्त विश्लेषण-विवेचन हो चुका था। अनुष्टुप छन्द अपरिचित नहीं था। फिर भी मा निषाद प्रतिष्ठास्त्वम्' (वा० रा० १।२।१५) वाली कथा में बालमीकि को प्रथम श्लोक छन्द का आविष्कर्ता माना गया। ध्वन्यालोककार आनन्दवर्धन के अनुसार बालमीकि को ताल-लय-समन्वित पद्योक्ति नियत क्रम में हुई थी—क्रौंच-बध का दृश्य, उससे चित्त में उत्पन्न करुण भाव, फिर उसका गाढ़ काव्य में प्रस्फुटन और अन्ततः इस अभिव्यक्ति द्वारा सौख्यानुभूति। स्वयं बालमीकि ने अपनी मनःस्थिति का विश्लेषण किया था और इस नतीजे पर पहुँचे थे कि शोकार्त होकर मैं जो कह गया वह, निःसन्देह श्लोक है—काव्य है।[2] कालिदास भी यही कहते हैं।

---

१. उदाहरणार्थ—अग्राम्यपद (६।३७।६), अलंकार (५।१५।३१), मधुर श्लक्ष्ण अर्थवत् (सुन्दरकाण्ड) इत्यादि।

२. शोकार्त्तस्यप्रवृत्तो मे श्लोको भवति नान्यथा।१।२।१८

रघुवंश के १४वें सर्ग में इसी बात को दुहराया गया है[1] और बाल्मीकि मुनि के शिष्य भी यही कह गये हैं (१।२।४०)। रामायण में भी वैदिक अनुष्टुप से इसे अलग माना गया है। यह समाक्षर चार चरणों में गाया हुआ माना गया है—

समाक्षरैश्चतुर्भियः पादैर्गीतो महर्षिणा।
सोऽनुव्याहरणाद् भूयः शोकः श्लोकत्वमागतः ॥१।२।४०॥

चार पाद वैदिक अनुष्टुप में भी होते थे, प्रत्येक पाद में आठ अक्षर भी। पर बाल्मीकि ने दो यतियों की योजना करके, पहले और तीसरे चरण के पाँचवें अक्षर को तथा दूसरे और चौथे चरण के सातवें अक्षर को भी ह्रस्व करके उसे गेय बना दिया, उसे ताल और लय के उपयुक्त बनाया। इस प्रकार वैदिक भाषा का छन्द लौकिक भाषा में आकर नये रूप में परिष्कृत हुआ और बहुत अधिक लोकप्रिय हुआ। वह गाए जाने योग्य बना। यहां ध्यान देने की बात यह है कि स्वयं कवि की गवाही से पता चलता है कि वास्तविक वस्तु के दर्शन से उनके चित्त में शोक-भाव का प्रबल वेग अनुभूत हुआ और वह भाव स्वयं नये छन्द में उतरकर काव्य बन गया। जिस समय वह प्रबल अनुभूत-वेग उदित हुआ उस समय कवि उसके पूरे स्वरूप को समझ नहीं सके। बाद में विश्लेषण करने के बाद उन्हें शोक के श्लोक रूप तक परिणत होने की प्रक्रिया का अहसास हुआ। भारतीय परम्परा में इस घटना को बहुत महत्त्व दिया गया है। पर यह मानकर भी कि इस घटना से प्रथम काव्य का आविर्भाव हुआ, इसे उस प्रकार की रस-व्याख्या का आधार नहीं बनाया गया जैसा भरत के प्रसिद्ध सूत्र को। अगर इसे आधार बनाया गया होता तो कदाचित् मध्ययुग के आलोचक अधिक स्पष्टता के साथ सौन्दर्यबोध की रचनात्मक प्रक्रिया और सौन्दर्य की अभिव्यक्ति के स्वरूप को हृदयंगम कर सकते। चि० वि० वैद्य को इस घटना से अंग्रेज आलोचक हैजलिट की उस उक्ति का ध्यान आया था, जिसमें कहा गया है कि किसी मार्मिक वस्तु या घटना के प्रत्यक्षीकरण से संमूर्तन प्रक्रिया और सान्द्र भावानुभूति को गतिशील बनाने वाली समवेदना द्वारा विशेष प्रकार की स्वर-प्रक्रिया और ध्वनि-प्रवाह के रूप में फूट पड़ने वाली मानसिक प्रतिक्रिया ही कविता है। परन्तु

---

१. निषादविद्धाण्डजदर्शनोत्थः श्लोकत्वमापद्यत यस्य शोकः। रघु० १४।७० और, क्रौंचद्वन्द्ववियोगोत्थः शोकः श्लोकत्वमागतः। ध्वन्यालोक १।१५

मध्ययुग में उसे पूज्यवाणी मानकर ही सन्तोष कर लिया गया। इसका कुछ कारण होना चाहिए।

बालमीकि का उद्देश्य बहुत बड़ा था। निःसन्देह उनके शोकाकुल चित्त से निकली करुण वाग्धारा बड़ी शक्तिशालिनी सिद्ध हुई। रामायण में वस्तुतः क्रौंक बध प्रतीक मात्र है। दुर्भाग्य के व्याध ने केवल इसी जोड़े को अपने बाण का लक्ष्य नहीं बनाया है, युवराज राम को पतिरूप में वरण करने वाली अयोध्या और दीर्घ तथा कष्टमय प्रवास के बाद रामचन्द्र से मिलने को अत्यन्त आतुर पतिप्राणा सीता भी उसका लक्ष्य बनी हैं। सारी रामायण-कथा की पृष्ठभूमि में क्रौंच-मिथुन की कहानी कई और भी करुण मिथुन-विछोहों की ओर मार्मिक इंगित करती है। पर इस घटना से उत्प्रेरित कवि-चित्त कुछ महत्तर उद्देश्यों से चालित हुआ था। प्रथम अध्याय में नारद से पूछे गए प्रश्न में उन्होंने महान और उदात्त चरित्र को अपनी रचना का विषय बनाना चाहा था। वे किसी आदर्श व्यक्तित्व की तलाश में थे, जिसमें 'समग्रा लक्ष्मी' का निवास हो। उन्होंने पूरे मनुष्य को चित्रित करना चाहा था। ऐसा उदात्त व्यक्तित्व-सम्पन्न मनुष्य जो विपत्ति में म्लान न हो, सम्पति में इतरा न उठे, विजयदर्प में क्षमा करना न भूल जाय, शक्ति पाने पर विनम्र होने में न चूके और जीवन के उपरले तल की सफलताओं से अभिभूत होकर जीवन के अतल गांभीर्य में बहने वाली चरितार्थता की धारा की उपेक्षा न कर बैठे!

भरत के नाट्यशास्त्र में वस्तु, नेता और रस नाटक के आवश्यक अंग माने गए हैं, फिर भी रस मुख्य हैं। रससिद्धि के लिए ही वस्तु और नेता की योजना की जाती है। रस अपने-आप आकाश में नहीं टिका रहता। उसके लिए ठोस आधार चाहिए। विभाव, अनुभाव और संचारी के संयोग से नेता या नायक के चित्त में रस का संचार होता है। बाद में अनेक आचार्यों ने इस बात पर विचार किया है कि रस की स्थिति वस्तुतः कहाँ होती है—कथा के नायक में, अभिनेता में या दर्शक या पाठक में। इन आलोचना-प्रत्यालोचनाओं का सर्वोत्तम फल यह हुआ है कि रसानुभूति में पाठक या श्रोता या दर्शक को आवश्यक उपादान स्वीकार कर लिया गया है। परन्तु अभी इस सम्बन्ध में कुछ नहीं कहने जा रहा हूं। यहाँ केवल इतना ही कहना है कि बालमीकि ने नेता की ही खोज की थी। ऐसे 'नर-चन्द्रमा' की जिसमें मनुष्य की समग्रा लक्ष्मी का निवास हो। उन्हें उन नेताओं के किसी ऐसे स्थायी भाव की खोज नहीं थी, जो विभावानुभाव संचारी

भाव के संयोग से इस रूप में परिणत हो सके। वे मनुष्य के सम्पूर्ण और आदर्श रूप के जिज्ञासु थे। कदाचित् यही कारण था कि टीकाकारों ने रस के प्रसंग में आदिकवि के बहुपूजित श्लोक को रस की मान्यताओं की स्थापना के लिए उपयुक्त नहीं पाया। एक कारण और भी हो सकता है।

बाल्मीकि रामायण निश्चित रूप से बहुत शिष्ट और समुन्नत सामाजिक व्यवस्था के संदर्भ में लिखा गया है। परन्तु महाभारत जिस प्रकार 'लोक' के लिए, ऐसे सामान्य मनुष्यों के लिए, जिन्हें वेदाध्ययन का अधिकार नहीं था और इसीलिए उन्हें महाभारत जैसे 'पांचवें वेद' की आवश्यकता थी—लिखा गया था। कुछ उसी प्रकार रामायण भी लोक में प्रचारित होने के उद्देश्य से लिखा गया होगा। क्योंकि शुरू में ही बता दिया गया है कि चिरकाल तक यह रामायण-कथा लोक में प्रचलित रहेगी—'लोकेषु प्रचरिष्यति'। महाभारत की तरह नाट्यशास्त्र भी पांचवा वेद होने का दावा करता है। वह भी उन्हीं लोगों के लिए रचा गया था जो वेदों के अध्ययन की सुविधा नहीं पा सके थे। फिर भी नाट्यशास्त्र और रामायण-महाभारत के लक्ष्यीभूत श्रोताओं में थोड़ा अन्तर है। यद्यपि भरत के नाट्यशास्त्र में यह कथा दी हुई है कि साधारण जनता के कल्याण के लिए ही इस पांचवें वेद की रचना हुई थी, फिर भी नाट्यशास्त्र बहुत प्रबुद्ध और सुशिक्षित मर्मज्ञ को दर्शक रूप में स्वीकार करता है। ऐसा जान पड़ता है कि जिन दिनों 'नाट्यशास्त्र' को अन्तिम रूप दिया गया था, उन दिनों नाट्यधर्मी रूढ़ियाँ साधारण दर्शकों को भी ज्ञात थीं। आजकल जिसे 'क्रिटिकल आडिएंस' कहते हैं वही 'नाट्यशास्त्र' का लक्ष्यीभूत श्रोता है। २७वें अध्याय में 'नाट्यशास्त्र' में स्पष्ट कहा गया है कि नाटक का लक्ष्यीभूत श्रोता कैसा होना चाहिए। उसकी सभी इन्द्रियां दुरुस्त होनी चाहिए, जो व्यक्ति शोकावह दृश्य को देखकर शोकाभिभूत न हो सके और आनन्दजनक दृश्य को देखकर उल्लसित न हो सके, जो इतना संवेदनशील न हो कि दैन्य-भाव के प्रदर्शन के समय दीनत्व का अनुभव कर सके, उसे नाट्यशास्त्र प्रेक्षक की मर्यादा नहीं देना चाहता। उसे देश-भाषा के विधान का जानकार होना चाहिए, कला और शिल्प का विचक्षण होना चाहिए, अभिनय की बारीकियों का ज्ञाता होना चाहिए, रस और भाव का समझदार होना चाहिए, शब्दशास्त्र और छन्दःशास्त्र के विधानों से परिचित होना चाहिए और समस्त शास्त्रों का ज्ञाता होना चाहिए। किन्तु 'नाट्यशास्त्र' यह मानता है कि सबमें सभी गुण हों, यह सम्भव नहीं है।

सामाजिक स्थिति और शास्त्र-ज्ञान का कम-बेशी होना स्वाभाविक है। फिर भी इनमें अधिक-से-अधिक गुणों का समावेश होना चाहिए। जवान आदमी शृंगार रस की बातें देखना चाहता है, वृद्ध लोग धर्माख्यान और पुराणों का अभिनय देखने में रस पाते हैं। 'नाट्यशास्त्र' इस रुचि-भेद को स्वीकार करता है। फिर भी वह आशा करता है कि प्रेक्षक इतना सहृदय होगा कि अभिनय के अनुकूल अपने को रसग्राही बना सकेगा। स्वयं कालिदास भी सत्-असत् में विवेक करने वाले सज्जन पुरुष को अपने काव्य का सही मर्मज्ञ मानते हैं और ऐसे किसी भी प्रयोग को उत्तम स्वीकार करने को प्रस्तुत नहीं हैं, जिससे विद्वानों को सन्तोष न हो जाय। परन्तु कालिदास द्वारा यह बात सहज रूप में कही गई है। यह बिलकुल ठीक है कि सभी लोग रसानुभूति में समान रूप से कुशल नहीं होते। जो संवेदनशील प्रकृति के होते हैं वे ही सौन्दर्य के सच्चे पारखी हैं। सन् ईसवी की चौथी-पाँचवीं शती तक के कवियों को अपनी कविता के लक्ष्यीभूत श्रोता के समझदार होने की बात क्रमशः अधिक मात्रा में अनुभूत अवश्य होती रही है, पर उनके बहुत पंडित या शास्त्रज्ञ होने का आग्रह नहीं है।

काव्य-लक्षणों का आरंभ कब से हुआ यह कहना कठिन है पर रामायण में ऐसे स्थल मिल जाते हैं जो परवर्ती कवियों की चामत्कारिक उक्तियों से तुलनीय हो सकते हैं। परन्तु ऐसी उक्तियाँ जो कथा की गति को धीमी कर दें और चरित्र की स्वाभाविक स्थिति से ध्यान खींचकर उक्ति-चमत्कार की ओर ले जायँ, बहुत कम हैं। मध्यकालीन महाकाव्यों में यह बात ठीक उलटी है। विद्वानों ने पतंजलि के महाभाष्य के उदाहरणों और पिंगल छंदःसूत्र के छंदों के रमणीय नामों से यह ठीक ही अनुमान लगाया है कि सन् ईसवी के बहुत पूर्व से ही अलंकृत काव्य-शैली काफी प्रौढ़ हो चुकी थी। रामायण में उसी समृद्ध परम्परा के दर्शन होते हैं। पंडितों ने दिखाया है कि कालिदास द्वारा उल्लिखित प्रमुख बातों में प्रत्येक के लिए प्रेरणा देने योग्य प्रसंग रामायण में मिल जाता है। हिसाब लगाने वालों ने सीता के दुःख को अनुभव करने वाली एक साथ उन्तीस और राम-विरहित अयोध्या के लिए १६ उपमाओं का प्रसंग खोजा है (रा० २, १६, २।११४) परन्तु फिर भी कालिदास के काव्यों में कुछ खास बातों पर बल दिया गया है और वे उजागर हो उठी हैं। कालिदास से दो बातें निश्चित रूप से काव्य में प्रमुख स्थान पाने लगती हैं—(१) अनेक प्रकार से शब्दालंकार और अर्थालंकार द्वारा वर्णन को चामत्कारिक बनाना और (२) शृंगार रस—तत्रापि कामशास्त्रीय

विलास-चेष्टाओं की योजना। कालिदास उपमाओं के लिए तो प्रसिद्ध ही हैं उन्होंने रघुवंश में एक पूरा सर्ग यमकों के लिए ही लिखा है। कुमार संभव और रघुवंश में कामशास्त्रीय भोगवर्णन की योजना है। परवर्ती कवियों ने इन दोनों तत्त्वों का जम के उपयोग किया। परवर्ती महाकाव्यों में वस्तु-तत्त्व की योजना इन दो बातों को उद्देश्य मानकर ही मानों की गई है। संस्कृत भाषा की समास-बहुला पदावली और बड़े-बड़े छंद उनके सहायक सिद्ध हुए हैं। मुक्तक-काव्य में भी इन बातों का ही छोटे पैमाने पर प्रयोग है। उक्ति-चमत्कार में श्लेष की प्रवृत्ति क्रमशः बढ़ती गई है और बारहवीं शताब्दी तक आते-आते वह हास्यास्पद स्थिति तक पहुंच गई है।

गद्य-काव्य में श्लेष की महिमा और भी अधिक उपलब्ध होती है। सुबन्धु ने (सातवीं शताब्दी) तो 'प्रत्यक्षर श्लेषमय बैदग्ध्य-विन्यास निधि' (प्रत्येक अक्षर के श्लेषमय विन्यास के अपेक्षित कौशल की निधि) ही होने का दावा किया है। बाणभट्ट ने, जो उनके ईषत्परवर्ती हैं, मानों अपनी ही रचना के लिए कहा था कि सुस्पष्ट मधुरालाप से और भाव से निरन्तर मनोहरा तथा अनुरागवश स्वयमेव शय्या पर उपस्थिता नववधू के समान सुगम, कलाविद्या संबंधी विलास के कारण सुश्राव्य और रस के अनुसरण के कारण बिना प्रयास सुलभा, शब्दगुंफमयी कथा किसके हृदय में कौतुक नहीं उत्पन्न करती! सहजबोध दीपक और उपमा अलंकार से सम्पन्न अपूर्व पदार्थों के समावेश से विरचित अनवरत श्लेषालंकार से किंचित दुर्बोध्य कथा, उज्ज्वल प्रदीप के समान और कान्तिमान चंपे की कलियों से गूंथे हुए और बीच-बीच में चमेली के फूलों से अलंकृत घनी मोहनमाला की भाँति, किसके मन को आकृष्ट नहीं करती ?

स्फुरत्कलालापविलासकोमला करोति रागं हृदि कौतुकाधिकम् ।
रसेन शय्यां स्वयमभ्युपागता कथाजनस्याभिनवा वधूरिव ।।
हरन्ति कं नोज्ज्वलदीपकोपमैर्नवैःपदार्थैरुपपादिता कथा ।
निरन्तर श्लेषघना सुजातियो महास्रजश्चम्पक कुड्मलैरिव ।।

परन्तु सुबन्धु और बाणभट्ट में इस प्रकार श्लेष और यमक की योजना के साथ सरसता भी है और वह सरसता शृंगार रस की है। सच पूछा जाय तो इन दो श्लोकों में बाणभट्ट ने मध्यकाल के संस्कृत-साहित्य के सर्वोत्तम पक्ष को प्रत्यक्ष कर दिया है। यह कविता कलालाप के विलास से कोमल, समाससिद्ध पदावली के कारण गंभीर गुम्फमयी, उज्ज्वल उपमा, दीपक आदि अलंकारों से सुसज्जित, निरन्तर श्लेषालंकार से किंचित दुर्बोध्य, अच्छी जाति के छंदों और

वर्णमैत्रियों से भूषित होगी, परन्तु सदा रसानुवर्ती भी। यहाँ इंगित से रस का शृंगारपरक अर्थ भी दिखा दिया गया है।

भारवि (छठी शताब्दी) अर्थगौरव के लिए बहुत ही प्रसिद्ध हैं। उक्ति-चमत्कार का उनमें प्राबल्य है। उन्होंने अपने एक पात्र के द्वारा अपना ही आदर्श मानो रख दिया है—

स्फुटता न पदैरपाहृता न च न स्वीकृतमर्थगौरवम्।
रचिता पृथगर्थता गिराम् न च सामर्थ्यमपोहितं गिराम् ॥

उनके बाद भट्टि, कुमारदास, माघ, श्रीहर्ष आदि कवियों में उक्ति-चमत्कार और भोग-परक शृंगार-योजना की प्रवृत्ति निरन्तर बढ़ती गई और नायक के व्यक्तित्व की समग्रा लक्ष्मी की अभिव्यक्ति की मात्रा क्षीण होती गई है। कवियों में राजाश्रय पाने की प्रवृत्ति बढ़ती गई और महाकाव्य का महान आदर्श धूमिल हो गया। हिंदी साहित्य के रीतिकाल तक आते ही वह लुप्त हो गई। 9वीं शती के किसी कवि ने दुःख के साथ कहा था कि धन-लोभियों के हाथों में अमृत-निष्पंद सरस सरस्वती बहुमार्गगामिनी उद्दाम धारा का प्रवाह जो महाकाव्य में प्रवाहित होता था, समाप्त ही हो गया।[1] साधारण कोटि के कवियों में तो वह अंतर्धान हो गई। माघ और भारवि जैसे महान कवियों में अक्षर योजना के खेलवाली रचना (चित्रकाव्य) में बहुत अधिक उलझने की प्रवृत्ति मिलती है। श्लेष-प्रियता में सुबन्धु और बाण जैसे महाकाव्य लेखकों की तरह माघ, भारवि, कुमारदास, और श्रीहर्ष बहुत रस लेते हैं। कभी इन अलंकारों को कथा-प्रवाह और पात्र की स्वाभाविक मनस्थिति को मन्द, अवास्तविक और कृत्रिम बनाने की पूरी छूट दी गई है परन्तु बारहवीं शताब्दी के आस-पास तो ऐसे काव्य लिखे जाने लगे जो श्लेष प्रदर्शन से पांडित्य को हास्यास्पद सीमा तक ले जाने लगे। सन्ध्याकार नंदी के 'रामपाल चरित' के प्रत्येक पक्ष में रामायण के राम और ग्यारहवीं शती के अन्त में विद्यमान राजा रामपाल दोनों के चरित श्लेष द्वारा कहे गए हैं। इसी प्रकार 'राघव पांडवीय' नाम के दो काव्य लिखे गए, जिसके लेखक धनंजय और माधव भट्ट (कविराज) थे, जिनमें

---

1. सदा मध्ये भामाभियदगृहनिष्यन्द सरसा
सरस्वत्युद्दामा वहति बहुमार्गा परिमलम।
प्रसादं ता एता धनपरिचिताः केन महतां
महाकाव्याव्योर्मिः स्फुरितमधुरा यन्तु रुचयः ॥ बा० प्र० ७, २५६

एक ही साथ रामायण और महाभारत की कथा कही गई है। हरिदत्त सूरि के 'राघवनैषधीय' में राम और नल की कथाओं को उन्हीं शब्दों में कहने की चतुरता दिखाई गई है। ऐसे अर्थों को उन्हीं शब्दों से निकालने में संस्कृत का अपूर्व व्याकरण और शेष ग्रंथ सहायता करते हैं और पाठक व्याकरण का सुनिपुण पंडित न हो तो मूंड मार के भी कुछ नहीं समझ पाएगा। कोई आश्चर्य नहीं कि मध्यकालीन कवियों को अपने पाठक के शास्त्र-निष्णात होने का दावा उत्तरोत्तर बढ़ता ही गया और समग्रा नर-लक्ष्मी की बात एक दम भूल गई जो कालिदास तक और अंशतः भारवि तक, किसी-न-किसी रूप में बराबर ध्यान में रखी गई।

किस प्रकार आलंकारिकता की प्रधानता हो सकती है यह इस अत्यन्त लोकप्रिय शब्दावली से अनुमान किया जा सकता है। कालिदास के रघुवंश में आई हुई एक उपमा के कारण उन्हें 'दीपशिखा-कालिदास'[1] कहा जाता है, भारवि को किरातार्जुनीय की उपमा के आधार पर 'छत्र-भारवि'[2] और इसी प्रकार माघ को शिशुपाल वध में आई हुई उपमा के कारण 'घण्टा माघ'[3]। इन नामों को देने वाले के मन में इन कवियों का सर्वोत्तम रूप इन उपमाओं से ही व्यक्त होता

---

१. दीपशिखा-कालिदास

संचारिणीदीपशिखेव रात्रौ यं यं व्यतीमाय पतिंवरा सा।
नरेन्द्र मार्गट्ट इव प्रपेदे विवर्णभावं स स भूमिपालः

रघु० ७

२. छत्र-भारवि

उत्फुल्लस्थलनलिनीदलादमुष्मादुद्भूतः सरसिजसंभवः परागः।
वात्याभिर्वियति विवर्तितः समन्तादाधत्ते कनकमयातपत्र लक्ष्मीम्।

किरात० ५।३९

३. घण्टा-माघ

उदयति विततोर्ध्वरश्मिरज्जौ
अहिमरुचौ हिमधाम्नियाति चास्तम्।
वहति गिररयं विलंबिघंटा—
द्वयपरिचारित वारणेन्द्रलीलः

—शिशुपाल वध

है। जिन श्लोकों में ये उपमाएँ आई हैं उनके अध्ययन से एक विचित्र निष्कर्ष निकलता है। कालिदास की उपमा सहज और रसानुग है, भारवि की किंचित् जटिल पर रसानुवर्तिनी किंतु माघ की बहुत जटिल और रस दूरवर्तिनी। यही काव्य में चमत्कार का भी क्रम है। दो बातें और ध्यान देने योग्य हैं, रस विवेचन से जिनका सीधा सम्बन्ध है। उनमें एक तो काम देवता है और दूसरा सहृदय है।

पूर्व वैदिक युग में गंधर्व और अप्सराएँ एकदम अपरिचित ही थीं। उत्तर वैदिक युग में इनकी चर्चा मिलने लगती है। शतपथ ब्राह्मण (९-४-२ और ४) के अनुसार गंधर्व और अप्सराएँ मिथुन रूप में प्रजापति से उत्पन्न हुई थीं। गंधर्व और कन्दर्प किसी एक ही आर्येतर (संभवतः किरातवर्गी) शब्द के संस्कृतीकृत रूप जान पड़ते हैं। परन्तु विष्णुधर्मोत्तर (३-५८) के अनुसार कामदेव और उनकी पत्नी रति, क्रमशः वरुण और गौरी के अवतार हैं। अवतार होने का अर्थ यह है कि वरुण जिस जाति या श्रेणी के देवता थे उससे भिन्न जाति में अवतरित हुए — कदाचित् गंधर्व जाति में। इसीलिए मकरकेतन (या मछली की ध्वजा धारण करने वाला) रूप तो वरुण के समान ही है, पर ये स्वयं गंधर्व या कन्दर्प हैं। इनका ही एक नाम मार है। जान पड़ता है बुद्धदेव को समाधि-च्युत करने वाली मारसेना के नायक ये ही महाशय थे और बुद्धदेव से मार खाने के बाद ये परवर्ती हिंदू साहित्य में शिव से भी पिटने को बाध्य हुए थे। पिटे दोनों ही जगह थे। आगे-पीछे की राम जाने। परन्तु जो देवता वैरागियों की दुनिया से खदेड़ा गया वह भोगियों की दुनिया पर हावी हो गया। कालिदास इनको दोनों रूपों में सम्मान देते हैं, पर परवर्ती रूप उन्हें अधिक प्रिय है। बाद के कवियों में इनका बड़ा सम्मान है। शिवजी के नयनाग्नि-पथ से भस्म होने के बाद ये 'अनंग' हो गए और 'कुमारसंभव' में दिखाया गया है कि शिव से इन्होंने कस के बदला लिया था। तब से काव्य की दुनिया में ऐसे दृढ़ स्थान पर अधिकार कर गए कि आधुनिक युग के सबसे श्रेष्ठ कवि रवीन्द्रनाथ ने आश्चर्य के साथ शिव को पुकार कर कहा था कि 'ऐ वैरागी तूने पाँच वाणों वाले देवता को भस्म करके यह कैसा अनर्थ किया कि उसकी राख को विश्व भर में फैला दिया। इनके ये पाँच बाण फूलों के हैं। तुलसीदास जैसे वीतराग महात्मा भी इनकी विजयिनी शक्ति के कायल थे। उन्होंने लिखा है कि कामदेव फूलों का बाण हाथ में लेकर ही सारी दुनिया को वश में कर लेता है। संस्कृत कवि ने ठीक ही कहा है

कि एक को दो टुकड़ों में विभक्त कर देने वाले धनुर्धर तो बहुत हैं, पर दो को एक करने वाला विचित्र धनुर्धर केवल कामदेव ही है।[१] कामदेवता की महिमा से सारा भारतीय, विशेषकर मध्ययुग और उत्तरवर्ती मध्ययुग का साहित्य आक्रान्त है। सभी इस देवता के बाण संधान की दक्षता और अव्यर्थ चोट से बहुत परिचित हैं। यह देवता शृंगार रस को ही नहीं परवर्ती काल के भक्ति रस को भी अपनी तर्जनी-संकेत से चलाता है। मध्यकाल के कवियों ने इस देवता को बड़ा सम्मान दिया है। इस देवता की ही महिमा है कि मध्ययुग के साहित्य में उत्तान शृंगार का बहुत ही व्यापक वर्णन है। पुष्पबाणों से देव-देव को जीतने वाला, सुरत लीला-नाटिका का सूत्रधार यह देवता काव्य में वह सब कुछ ले आने में सफल हुआ है, जो शृंगार के लिए आवश्यक है।[२] कोई आश्चर्य नहीं कि मध्यकाल के कवियों में शृंगार रस का उत्तान रूप इतना व्यापक होकर प्रकट हुआ है। कभी-कभी शृंगार को ही रस कहा गया है। सरस्वती कण्ठाभरण में भोजराज ने पूर्वाचार्यों का यह श्लोक उद्धृत किया है—

शृंगारी चैत कविः काव्ये जातं रसमयं जात्
स एव चेद शृंगारी नीरसं सर्वमेनत।

इसलिए भोजराज ने अन्वय-व्यतिरेक द्वारा यह मत निश्चित किया कि रस तो शृंगार ही है। शारदातनय ने भावप्रकाश में कहा है—

मनसो ह्लादजननः स्वादो रस इति स्मृतः
शृंगारस्य स युज्येत।

दूसरा तत्त्व सहृदय है। यह शब्द बहुत पुराना नहीं जान पड़ता। कुछ लोग तो ध्वनिकार का नाम ही सहृदय बताते हैं, पर यह केवल अनुमान मात्र है जो सही न होने की ओर ही अधिक झुका है। 'सहृदय' से मिलता-जुलता एक शब्द कालिदास ने प्रयोग किया है। वह है 'सचेताः'। पार्वती की नमस्याखिन्न

---

१. एकं वस्तु द्विधाकर्तुं बहवः सन्ति धन्विनः।
धन्वी स्मार एवैको द्वयोरैक्यं करोतियः। सु० र० भा० २५०

२. कुलगुरुरबलानां केलिदीक्षा प्रदाने
परमसुहृदनंगो रोहिणीवल्लभस्य
अपि कुसुम पृषत्कैर्देवदेवस्य जेता
जयति सुरतलीलानाटिकासूत्रधारः।

शारंगधर पद्धति

प्रभा को म्लान देखकर ब्रह्मचारी वेशधारी शिव ने कहा था कि तुम्हारी इस दशा को देखकर किस 'सचेता' का हृदय दुःखी नहीं होगा, अर्थात् सचेता व्यक्ति ही रूप-लावण्य की महिमा को समझता है। यही सहृदय भी है। अभिनवगुप्त ने कहा है कि उस व्यक्ति का मनोमुकुर काव्य और शास्त्र आदि के अध्ययन से स्वच्छ हो गया रहता है। काव्य की कसौटी सहृदय का हृदय ही बताया जाता है। परवर्ती ग्रन्थों से यह पता चलता है कि वह बहुत अधिक संवेदशील तो था ही इसके साथ ही रूप, वर्ण, प्रभा, आभिजात्य, विलासिता, माल्य, वस्त्र, उपलेपन आदि का निपुण जानकार भी होता था और सबसे बड़ी बात कि वह युवक, रसिक और शृंगारप्रिय होता था (सहृदय हृदयलीला)।

इन दो तत्त्वों ने काव्य में में शृंगार को प्राधान्य दिया। हर कवि अपनी वाणी को सरस बनाने के लिए कुछ ऐसे प्रयोग करता है जो शृंगार के द्योतक होते हैं। और शृंगार क्या है? कहा गया है कि शृंग शब्द का अर्थ है मन्मथोद्भेद अर्थात् कामदेव नामक अशरीरी देवता का सक्रिय होना। अतः 'शृंगार' उस देवता की प्रभावशालिनी शक्ति को प्रकट करने वाला रस ही है।

प्राकृत और अप्रभ्रंश-काव्य में भी उक्ति-चमत्कार और शृंगार की श्रेष्ठता संस्कृत कवियों के समान ही बनी रही। संस्कृत भाषा की समासशक्ति वहाँ उधार ली गई। कुछ कवि पांडित्य प्रदर्शन के शिकार हुए थे, पर लोक-जीवन का साहित्य अधिक सरल, सहज और स्वाभाविक था।

अपभ्रंश में इस प्रवृत्ति के दो रूप मिलने लगते हैं। एक तो वही उक्ति-चमत्कार का पाण्डित्य और सहृदय हृदय को प्रभावित करने वाला मन्मथोद्भेद-मूलक शृंगार और दूसरा साधारण जन की सरस उक्तियाँ—आडंबरहीन, मोहक और साक्षात् प्रेरणादायक होने के कारण सहज। ये ग्राह्य होकर भी जीवन से प्रत्यक्षतः सम्बन्धित हैं। शकुन्तला को देखकर दुष्यन्त ने कहा था कि यदि शहर से दूर जंगल में स्थित आश्रम में ऐसा सौंदर्य मिलता है, जो राजाओं के अन्तःपुर में दुर्लभ है, तो कहना पड़ेगा कि अपने गुणों के कारण सहज प्राण-शक्ति के भरोसे से बढ़ने वाली वनलताओं ने यत्नपूर्वक पोषित ललित उद्यान-लताओं को परास्त कर दिया—

शुद्धान्तदुर्लभमिदं वपुराश्रमवासिनो यदि जनस्य
दूरीकृताः खलु गुणैःरुद्यान लता वनलताभिः।

इन कविताओं को पढ़कर महाकवि की इस उक्ति की याद आए बिना

नहीं रहती।

स्वयंभू, त्रिभुवन और पुष्पदंत जैसे कवियों के काव्य की भाषा अवश्य ही अप्रभ्रंश है, परन्तु वे शास्त्रीय परम्परा के कवि हैं। उन्होंने संस्कृत और प्राकृत के काव्यों का गम्भीर अध्ययन किया था। अलंकार, रस और पिंगल के पूर्ण ज्ञाता थे। परन्तु हेमचन्द्र के व्याकरण में उद्धृत दोहों में ग्रामीण कवियों की सरल अभिव्यक्ति है, उनमें कोई आडम्बर नहीं है, वक्रता नहीं है, रसनिष्पत्ति के लिए चिन्तनजन्य भंगिमा नहीं है। स्वयंभू लोकभाषा के प्रेमी थे परन्तु रससृष्टि के अभिजात जनोचित नियमों के परिपालक भी थे। हरिवंश पुराण में स्वयंभू ने लिखा है कि उन्हें इन्द्र से व्याकरण, भरत से रस, व्यास से विस्तारण-कला, पिंगल से छन्द और प्रस्तार-विधि, भामह तथा दण्डी से अलंकरण, बाण-भट्ट से घनघनित शब्दाडंबर, हरिसेन तथा अन्य कवियों से कवित्व गुण और चउम्मुह (चतुर्मुख) से छंदण, द्विपदी और ध्रुवकों से जड़ित पद्धड़िया बन्ध प्राप्त हुआ।

इन्देणसमप्पिउ बायरणु। रस भरहें वासें वित्थरणु।।
पिंगलेण छंद पथ पत्थारु। मम्मह दण्डिणिहि अलंकारू।।
बाणेण समप्पिउ घणघणउ। ते अक्खर डम्बर घणघणउ।।
हरिसेणि पाविउ णितणउ। अवरेहि मि कर्हाहं कवित्तणउ।।
छण्दणिय दुवइ धुवएहिं जड़िय। चउमुहेण समप्पिय पद्धड़िय।।

इस वक्तव्य से उनके गम्भीर अध्ययन और शास्त्रीय ज्ञान का परिचय मिलता है। निश्चय ही उनके काव्य में गम्भीर अध्ययन-मनन का साक्ष्य वर्तमान है। वे विकट बंध के कवि कहे गए हैं। पर जिन दोहों की चर्चा हम आगे करने जा रहे हैं, वे पण्डितों के लिखे नहीं जान पड़ते। पण्डित वे हों भी तो पण्डिताई के बहुत ऊपर उठे हुए हैं। सहज भाव बड़ी कठोर साधना से प्राप्त होता है। कुछ उदाहरणों से बात स्पष्ट हो सकेगी।

एक विरह-व्याकुला प्रिया कहती है कि किसी प्रकार यदि मैं प्रिय को पा जाती तो एक ऐसा खेल करती जो अब तक किसी ने नहीं किया। उसके प्रत्येक अंग में ऐसा पैठ जाती जिस प्रकार पानी मिट्टी के नये कसोरे में प्रवेश कर जाता है—अंग-अंग में भीन जाता है—

जइ केम्बइं पावीसु पिउ अकिआ कुड्डु करीसु।
पाणिउ नवइ सरावि जिबँ सब्बंगे पइसीसु।।

प्रेमपरवशा वधू कहती है—"माई री, जब मन स्वस्थ हो तो मान की सुधि की जाय। यहाँ तो बात ही कुछ और है। ज्यों ही प्रिय को देखती हूँ, ऐसी हड़बड़ी मचती है कि फिर अपनी समझी-बूझी को याद कौन करे। सारा सोचा समझा गायब हो जाता है—

अम्मीए सत्थावत्थेहिं सुधि करि किज्जइ माणु।
पिय दिट्ठे हल्लोहलइ को सुमरइ अप्पाणु॥

मान करने वाले दूल्हे को सिखाया जा रहा है—प्यारें, मैंने तुम्हें बहुत बार मना किया कि मान देर तक न किया करो। बेपीर, इस मान-मनौअल में रात बीत जाएगी और जल्दी-जल्दी दड़बड़ विहान हो जाएगा—

ढोल्ला महूँ तुहुँ बारिया मा करु दीहा माणु॥
निद्दय गमिही रत्तड़ी दड़बड़ होइ बिहाणु॥

कोई वयस्का सखी सहजबंकिम लोचना नायिका को परिहास-पेशल वाणी में समझा रही है—'बिटिया, मैंने तुम्हें कितनी बार कहा है कि इस दृष्टि को बाँकी न किया करो। वह जो कानवाली बर्छी होती है न, जो हृदय में घुसकर मांस नोचकर बाहर निकलती है, उसी प्रकार तुम्हारी यह बाँकी दृष्टि शिकार को बेधती है—'

विट्टीए मइं भणिउं तुहुं मा कयु बंकी दिट्ठि।
पुत्ति सकण्णी भल्लि जिवँ बेहइ हियइ पइट्ठि॥

बंकिम कटाक्षों के तीखेपन को इस प्रकार समझाया जाता है—जैसे-जैसे वह साँवरी अपने बंकिम लोचनों को घूमना सिखाती है वैसे-वैसे मन्मथ अपने बाणों को खरे पत्थर पर पजा-पजा के (घिस-घिस के) तीखा कर लेता है (ये बाण फूलों के नहीं, इस्पात के होंगे)—

जिम जिम बंकिम लोयणहिं णिरु सामलि सिक्खेइ।
तिम तिम मम्मह णिअक सरु खरि पत्थरि तिक्खेइ॥

विरहिणी ग्राम-वधू काक के शकुन पर अब विश्वास नहीं करती। सुनते-सुनते कान पक गए, पर प्रिय का आना नहीं हुआ और यह काग है कि बोलता ही जा रहा है। उसने उड़ाना चाहा, इस मिथ्याभाषी को, हाथ उठाकर। विरह से दुबली कलाइयों से चूड़ी निकलकर पृथ्वी पर गिरी लेकिन कागा की बात ठीक ही थी। अचानक प्रिय दिख गया। आधी चूड़ियाँ धरती पर गिर गई थीं। पर सहसा प्रियदर्शन से खुशी की लहर दौड़ी, दुबली कलाई फूलकर मोटी हुई,

आधी चूड़ियाँ तड़ाक से टूट बिखरीं—

वायस उडावंतिए पिअ दिट्ठइ सहसत्ति ।।
अद्धा वलअ महिहिंगअ अद्धा फुट्ट तड़त्ति ।।

कैसी सहज अभिव्यक्ति है। कोई बनाव-सिंगार नहीं, सहज उल्लास का सहज प्रकाशन।

मान करने वाले प्रेमी से प्रिया कहती है— देखो प्यारे, जिन्दगी का कोई ठिकाना नहीं है और मौत का आना एक दम तैं है। ऐसी हालत में यह रूठने की बात क्यों ! रूठोगे तो ये वियोग के एक-एक दिन देवताओं के सौ-सौ बरसों के समान हो जाएँगे।

इस प्रकार बारहवीं शताब्दी तक संस्कृत, प्राकृत और अपभ्रंश के कवि शृंगार रस को सर्वश्रेष्ठ और कभी-कभी एकमात्र रस मान चुके थे। वीर रस उसके बाद ही आता है। वस्तुतः स्वयं नाट्यशास्त्र ने केवल इन दो रसों को ही पूर्णांग नाटक के लिए स्वीकार किया था। बारहवीं शताब्दी तक वीर रस प्रायः शृंगार का अंगी बन चुका था। अपभ्रंश की और परवर्ती लोकभाषाओं की कविताओं में वीर रस की दर्पोक्तियाँ प्रायः प्रेमिका या वीर पत्नियों द्वारा करायी गयी हैं या फिर वीर रस की योजना अनूढ़ा रूपवती कन्याओं के हरण के लिए की गई है। पृथ्वीराज रासो की अधिकतर लड़ाइयों के मूल में प्रेम है।

शृंगार मन्मथोद्‌भेद का रस है। मन्मथ देवता यौवन की उद्दाम प्राणशक्ति के उद्‌बोधक हैं और उनके लक्ष्य युवक और युवती-जन हैं। इस उद्दाम शारीरिक आनन्द के आश्रय राजकुमार और राजकुमारियाँ हैं, जो प्रायः सुरूप होते हैं। सामाजिक रीति-नीति सब समय इनके सम्बन्धों की सहायिका नहीं होती। आवश्यकता पड़ने प्रर कविगण उसकी अवहेलना करने में भी संकोच नहीं करते। परकीया तो थी ही, असती भी रसोद्रेचक सिद्ध हुई। प्राकृत की गाथाओं में और अपभ्रंश के दोहों में असती मन्मथोद्‌भेद की पूरी गरिमा लेकर आई है। संस्कृत के सुभाषितों में भी उसकी महिमा अस्वीकृत नहीं हुई है।

इसी पृष्ठभूमि में प्राकृत की नायक-नायिका के विरुद्ध प्रतिक्रिया हुई और शृंगार रस की पूरी परम्परा को भगवान की ओर मोड़ देने का प्रयत्न हुआ। जयदेव की रचनाओं में संस्कृत की सारी समृद्ध परम्परा— कोमलकान्त पदावली, अनुप्रास और यमक की मनमोहन योजना, विरह और मिलन को गाढ़ संवेदना का विषय बनाने वाली काव्य रूढ़ियाँ— प्राकृत पुरुषों और स्त्रियों से हटकर

भगवत्स्मरण की ओर मोड़ दी गई। 'सरसता' को हरिस्मरण का माध्यम बना दिया गया।

अत्यधिक प्राकृत-केन्द्री कविता की प्रतिक्रिया का अवसान सहज भगवत्प्रेम में हुआ। सन्तो और सगुण मार्गी भक्तों ने नये रसबोध को बढ़ावा दिया। यद्यपि रीतिकाल में संस्कृत की प्रवृत्तियों को जिलाये रखा गया, पर भक्ति के आदर्श उसे भी चालित करते रहे। लोकभाषाओं के साहित्य में पाण्डित्य प्रदर्शन की चेष्टा एकदम लुप्त नहीं हुई। हाँ संस्कृत कवियों की ऊँचाई तक वह कभी नहीं पहुँच पाई, पर भक्ति और समाजमंगल की जिस ऊँचाई तक वह पहुँची, वह भी संस्कृत के परवर्ती कवियों में किसी को नसीब नहीं हुई थी।

वैदिक युग में मनुष्य और प्रकृति एक ही सिक्के के दो पहलू थे। उन्हीं में ऐसे अन्वेषण ने 'शान्तं शिवमद्वैतं' रस तत्त्व को उजागर किया। रामायण युग में मनुष्य की 'समग्रालक्ष्मी' के साथ प्रकृति की समग्रालक्ष्मी रल मिलकर चलती है। परन्तु बाद में सारा जगत मनुष्य के कुछ भावों को पुष्ट करता है, और रस बनता है। यह समग्र व्यक्ति का ऐसा उद्बोध नहीं है, जो उदात्त रूप में समाज का प्रतिनिधित्व भी करता है और उसका उन्नयन भी। उसमें मनुष्य द्वारा उद्भावित शास्त्रज्ञान प्रमुख स्थान ग्रहण करता है और भावविशेष की प्रबलता जीवन के विविध क्षेत्रों को अभिभूत कर देती है। यद्यपि इस भाव-विशेष की पुष्टि को ब्रह्मानन्द-सहोदर कहा जाता है—पर परब्रह्म के उस रूप को जो प्रकृति और जगत के नानात्व में अद्वय तत्त्व को खोजने का प्रयास होकर ही रस बनता है—भुला दिया जाता है। कालिदास तक वह भुलाया नहीं गया था, पर बाद में भुला दिया गया। इसकी प्रतिक्रिया-स्वरूप १२वीं शती के बाद परब्रह्म ही मुख्य हो जाता है—मनुष्य उपेक्षित। परम्पराएँ चलती रहती हैं—निर्जीव होकर। भक्ति आती है—प्राणधारा से उच्छल होकर। रस की यह परिणति विस्मयकारक है।

• • •